Robert Mucha

Stille Nacht mit lauter Botschaft

Weihnachten rundum verstehen

Robert Mucha

Stille Nacht mit lauter Botschaft

Weihnachten rundum verstehen

kbw bibelwerk

1. Auflage 2022

Umschlaggestaltung: Weiß-Freiburg GmbH – Grafik und Buchgestaltung, Freiburg i.Br.
Umschlagmotiv: Gentile da Fabriano, Anbetung, Det.
© akg-images / Erich Lessing
Gestaltung und Satz: Olschewski Medien GmbH, Bad Ditzenbach
Hersteller gemäß ProdSG:
Druck und Bindung: Finidr s.r.o., Lípová 1965, 73701 Český Těšín, Tschechische Republik
Verlag: Verlag Katholische Bibelwerk GmbH,
Silberburgstraße 121, 70176 Stuttgart

www.bibelwerkverlag.de
ISBN 978-3-460-25555-5

Inhalt

Weihnachten verstehen – einleitende Gedanken

„It's the most wonderful time of the year" – Die Advents- und Weihnachtszeit weckt in uns viele Erinnerungen, Emotionen und Sehnsüchte: Wir denken gleich an den Duft von Glühwein und frisch gebackenen Plätzchen, haben den Geschmack von Lebkuchen und Zimtsternen im Mund, hören die Bläsermusik von alten Rathaus- oder Kirchtürmen und sehen vor unserem geistigen Auge die unzähligen Lichterdekorationen in der Stadt, den Gärten oder auch dem Christbaum daheim.

Weihnachten ist das Fest der Sehnsucht: nach Geborgenheit, Familie, Heimat und Liebe. Es ist dadurch auch ein in vielerlei Hinsicht überfrachtetes Fest: Die vielen Erwartungen und Traditionen führen so oft nicht zu weihnachtlichem Frieden, sondern auch zu Streit und der Erkenntnis, dass nicht alles so perfekt ist, wie wir es vielleicht gerne hätten. Weihnachten ist somit ersehnt und gefürchtet, heimelig und fremd, schön und ernüchternd zugleich.

Wenn man versucht, vom Fest den dicken Brokatmantel an Traditionen abzustreifen, den es sich im Laufe der Zeit angeeignet hat, erkennt man: so ein friedliches Liebesfest war das Ganze nicht! Es geht bei diesem Fest nicht um Plätzchen und Familienidyll, nicht um Märchen und nicht um wohliges „hygges" Einkuscheln in warme Gefühlswelten. Es ist ein im Kern ziemlich ernstes und existenzielles Fest, bei dem es um den Menschen an sich und sein Hineingestellt- – ja, Hineingeworfensein in die Welt geht. Die Fragen von Weihnachten sind: Was ist der

Mensch? Wie soll der Mensch sein Menschsein gestalten – also wie geht man mit dem schönen aber auch manchmal quälenden und immer geheimnisvollen Umstand um, als Mensch zu leben? Wie in der Zeit bestehen? Wie aus der Dunkelheit und den oft nicht leichten Umständen der Zeitsituation und Existenz ins Licht und zur Hoffnung kommen?

Ich will Sie mit diesen großen Fragen am Anfang nicht verschrecken, aber Ihnen gleich zeigen, dass Weihnachten mehr ist als ein Fest, das einfach im Jahresverlauf immer wiederkehrt. Und keine Sorge: Ernste Themen muss man ja nicht zwingend bierernst angehen, wie Sie sehen werden! Dieses Buch versucht Weihnachten auf den Grund zu gehen und das Fest aus den biblischen Erzählungen heraus zu erfassen. Dazu ist zu allererst wichtig, den Rahmen zu verstehen: In welchem Kontext feiern Christinnen und Christen Weihnachten? Die Komposition dieses Festes im Kirchen-Kalender hat einen entscheidenden Einfluss darauf, wie wir es deuten sollen. Dann natürlich die Erzählung selbst: Wieso bieten nur zwei Evangelien Kindheitserzählungen? Welche Akzente setzen sie und welche historische Basis hat das Ganze eigentlich? Schließlich fragen wir nach dem Mysterium und dem großen Festgeheimnis von Weihnachten: Warum ist es eines der bedeutendsten Feste des Christentums? Und warum berührt uns dieses Fest so enorm? Was ist der Kern des Ganzen?

Damit Sie dieses Buch auch bis Weihnachten durchlesen können, ist es ganz wie ein kleiner literarischer Adventskalender in 24 Kapitel eingeteilt, sodass Sie bis Heiligabend stets ein Kapitel lesen können, wenn Sie mögen. Einige Kapitel sind etwas länger und ausführlicher geraten, andere dagegen eher kurz und prägnant gehalten. Viele der angerissenen Themen können natürlich nicht in der Ausführlichkeit behandelt werden, wie es nötig wäre, aber ich gebe Ihnen, wo es sinnvoll erscheint, auch immer weitere Lektürehinweise sowie zu den Kapiteln passende Musikvorschläge, sodass Sie die Themen auch nachlesen oder nachklingen lassen können. Denn Weihnachten ist nicht allein etwas für den Kopf, sondern natürlich auch für das Herz. Das Fest schafft es in bester Weise, den Menschen ganzheitlich mit Vernunft und Gefühl anzusprechen. Dass mal das eine, mal das andere überwiegt, ist ganz natürlich – vielleicht aber sehen Sie mit den Gedanken in diesem Buch am Ende sowohl mit dem Kopf als auch „mit dem Herzen gut".

Hören Sie sich mit dieser Playlist in Weihnachtsstimmung. Hier finden Sie die schönsten 26 Songs aus den Musikvorschlägen im Buch:

Weihnachten – das Framing

Wie nähern wir uns Weihnachten, diesem überlagerten Fest? In einem ersten Schritt sollten wir uns das äußere „Skelett", die Ummantelung des Festes durch viele weitere Feste und geprägte Zeiten ansehen, denn in Bezug auf die Festzeiten und -ordnungen hat die Kirche nichts dem Zufall überlassen. Ein Rahmen ist das, was man bei einem Bild vermutlich gar nicht großartig wahrnimmt, aber für die Wirkung des Gesamtbildes eine unwahrscheinlich große Rolle spielt. Er muss zunächst einmal die richtige Größe haben, darf nicht zu weit und nicht zu eng sein, er muss das Bild in der Wirkung unterstützen, darf ihm nicht durch aufwändige Schnörkeleien die Show stehlen, darf nicht zu dick sein und nicht zu zart wirken. Das Weihnachtsfest ist theologisch, liturgisch (also vom gottesdienstlichen Feiern der Kirche) und gesellschaftlich durch gleich mehrere Rahmungen eingehegt. Ohne sie kann das Fest nach meinem Dafürhalten seine volle Schönheit und seinen vollen Sinn nicht entfalten. Denn das eigentliche Bild, das Weihnachtsgeheimnis, das wir uns anhand der Texte und der Glaubensfragen später genauer ansehen wollen, wirkt anders, je nachdem, welchen Rahmen man wählt. Ich möchte Ihnen daher in diesem Teil die „kirchliche" Rahmung des Festes ein wenig vorstellen – denn ohne dieses Framing wäre diese Geburt nur eine unter vielen und nicht weiter erwähnenswert. Wie alle großen Ereignisse soll diese Geburt aber Dreh- und Angelpunkt von größerem sein und entsprechend vielstimmig bedacht werden.

ADVENT – ZEIT DER ERWARTUNG

1. Frohes neues Jahr: zur Theologie des Advents

Ich weiß nicht, ob Sie es auch so sehen, aber ich rette mich einerseits in den Advent hinein und andererseits fürchte ich den Advent immer ein wenig. Die Rettung ist hier die karge Nüchternheit, die er ausstrahlt, das Furchtbare an ihm ist, dass diese Nüchternheit bei allem Rummel absolut untergeht. Den Advent muss man sich erobern, damit er nicht zur schieren „Vorweihnachtszeit" verkommt.

Doch der Reihe nach! Was ist das überhaupt, dieser Advent? Da haben wir schon das erste Problem: in Gallien wurde die Vorbereitung auf das Weihnachtsfest am 11.11., dem Martinstag begonnen. Das waren genau 40 Tage vor dem Weihnachtsfest. Dass diese Vorbereitungszeit eine Fastenzeit war, daran erinnert bis heute der 11.11. um 11:11 Uhr – der Saisonauftakt des Karnevals wird da nämlich begangen. Warum? Natürlich, weil sich alle am Martinstag noch einmal mächtig den Wanst vollschlugen, bevor das Fasten begann. Andernorts, in der Stadtliturgie Roms, dauerte der Advent dann nur sieben Tage und wurde vom 17. Dezember an gefeiert. Der „gallische" Advent der 40 Tage und der „römische" Advent der sieben Tage (dazu auch später an anderer Stelle mehr) wurde dann zu einer Art Kompromissadvent von vier Wochen austariert, den wir noch heute so haben. Die Vier ist die Zahl der Erde – vier Himmelsrichtungen, vier Elemente (Feuer, Erde, Luft, Wasser), vier Jahreszeiten. Der Advent drückt aus, dass die Erde wartet ... auf ihren Erlöser. Ob langer oder kurzer Advent: So eine Vorbereitungszeit ist im Kirchen-Kalender bei großen Festen wie Weihnachten und

Ostern (da ist es die Fastenzeit) die Regel. Die Idee ist, sich auf große Feste immer gut vorzubereiten – das kennen wir ja auch aus dem „weltlichen“ Bereich, etwa, wenn man sich auf eine große Hochzeitsfeier vorbereitet oder einen runden Geburtstag schon Wochen im Vorfeld plant.

Aber da ist noch ein anderer wichtiger Aspekt: Der November ist der Monat, der im Kirchenjahr mit den Festen Allerheiligen und Allerseelen das Gedenken der Toten und des Ziels allen Strebens, des Himmels, in den Mittelpunkt rückt. Die Lesungstexte im Gottesdienst sind endzeitlich gefärbt und unter der Woche mitunter blutrünstig, wenn man etwa von den Schlachten der Makkabäer aus dem Alten Testament, den Visionen des Propheten Daniel oder den Schreckensbildern der Johannesapokalypse liest. Der letzte Sonntag im Kirchenjahr ist dann dem „Christkönig“ gewidmet. Das ist ein Fest, das im Nachgang zum Ersten Weltkrieg, in dem viele große Monarchien ihre Macht und ihren Einfluss verspielt hatten und untergegangen waren, aufzeigt: Diese Welt hat nur einen König – Gott selbst. Das Kirchenjahr endet so einerseits triumphalistisch mit Rufen wie „Christus Sieger, Christus König, Christus Herr in Ewigkeit“ und hoffend-ernst mit Liedern wie „Komm, Herr Jesu, komm! Führ die Welt zum Ende, dass der Tränen Strom sich in Freude wende!“. Es wird die Ankunft des gerechten Weltenrichters erfleht – ein Ruf, den viele Menschen in Kriegszeiten oder auch während Plagen und sonstigen Notsituationen sicher besonders inbrünstig gesungen haben. Die Stimmung ist vielleicht bei einigen Gläubigen auch: „Jetzt ist auch mal gut! Mach doch Schluss, Gott! Komm zum Gericht!“.

Dann aber ist es berührend und heilsam zu sehen, wie das Kirchenjahr kippt. Es ist kein „Silvester-Moment“, bei dem man Countdown-artig runterzählen würde. Es ist dann, wenn man zum Vorabend des ersten Advents das Abendgebet spricht, mit dem der neue Tag und damit das neue Kirchenjahr eröffnet wird, ein ganz sanfter und schöner Jahreswechsel, wie man ihn sich manchmal auch zum Kalenderjahr wünschen würde. Die Grundaussage bleibt: Komm! ... aber nun nicht mehr „Komm zum Gericht, komm mach ein Ende“, sondern mit Blick auf die Krippe „Komm zu uns, komm auf die Welt, komm zur Erlösung und zum Neuanfang“. Diese Nuance des Advents, des „Switchens“ von tristem Novembergrau plus Verzweiflung im Dunkel hin zu edler Novemberrauheit mit Hoffnung auf Licht, ist der magische Wende- oder Kipppunkt, den man jedes Jahr zum Kirchenjahreswechsel Ende November erfahren kann.

Der Advent wendet verzweifeltes Fragen in erwartungsvolle Zuversicht, wendet das Warten auf den Christuskönig zum Gericht zur Erwartung des Kindes in der Krippe – und ja, man darf auch theologisch durchaus eine Verbindung zwischen diesen beiden Christus-Bildern sehen. Die ersehnte zweite Ankunft Christi zum Jüngsten Gericht wird wieder zum Gedächtnis der ersten Ankunft in der Erbärmlichkeit der menschlichen Existenz im Stall von Betlehem.

Der Advent lädt uns dazu ein, individuell und kollektiv das „Heil“ (also Heilung, Erlösung, Freiheitserfahrung und Geborgenheit in Gott) zu erwarten, aber nicht mit lautem Trara, sondern in einer Reflexion dessen, was das für uns heute bedeutet. Jedes Jahr aufs Neue nehme ich mir vor, den Advent trotz Jahresendstress, Geschenkewahnsinns und Weihnachtsfeiern bewusst zu gestalten. Ein Element dafür ist der Adventskranz, der auf den evangelischen Theologen Johann Wiechern zurückgeht, der noch für jeden Tag bis Weihnachten eine Kerze auf seinem Wiechern-Rad angezündet hatte. Diese Tradition ist gar nicht so alt – gerade mal seit 1839 wird dies gemacht. Einen solchen „abzählenden" Lichtritus gibt es aber auch im Judentum zum Chanukka-Fest.[1] Einige Zeit später, etwa um 1860 wurde das Wiechernrad mit Tannengrün als Zeichen der Hoffnung und des Lebens geschmückt. Erst im 20. Jahrhundert erreichten Adventskränze dann die Wohnzimmer und auch katholische Kirchen (erst ab 1925!) und da die Tage vom ersten Advent bis Weihnachten ja variierten, entschloss man sich nur die vier Sonntage mit Kerzen zu versehen. Das war praktischer.

Der Advent ist eine Zeit der Einkehr, der Vorbereitung – auch der Buße (also des Erkennens und Bekennens eigener Schuld und die Bitte um Versöhnung mit Gott und den Menschen). Liturgisch es ist so, dass jeder Sonntag im Advent seinen eigenen Akzent hat. An den ersten beiden Sonntagen überwiegen noch Texte zur Endzeit und zu Johannes dem Täufer, während dann am dritten und vierten Advent der Blick eher auf Maria, Josef und die Krippe gelegt wird. Ein besonderer Sonntag ist der dritte Adventssonntag, der den Namen „Gaudete" (freut euch!) trägt. Einige Leute setzen da eine rosa Kerze in den Kranz ein und es wird in einigen Gemeinden nicht das violette Messgewand von den Priestern getragen, sondern auch ein rosafarbenes, um zu betonen, dass die Freudenzeit naht – dass quasi „rosige" Zeiten anbrechen. Diese Spielereien sind ganz nett – aber im Kern geht es darum, die Zeit spirituell zu nutzen und sich innerlich auf das Festgeheimnis von Weihnachten vorzubereiten. Dabei helfen auch die Schrifttexte dieser Zeit mit ihrer reichen Bildsprache sowie die großartigen Adventslieder. Ich kann in einer Hoffnungshaltung die vertrauten Lieder singen und mir bewusst machen, dass unsere Zeit ein Geschenk ist, das wir von Gott empfangen und nicht wissen, wann unser adventliches Warten auf Erden enden wird.

Musikbox: Advent

- *Macht hoch die Tür, die Tor macht weit!* (Kirchenlied; GL 218): Das Adventslied bringt wie kaum ein anderes den Übergang vom erwarteten Christus-König zu dem Kind in der Krippe rüber. Unbedingt alle Strophen einmal durchlesen oder singen!

2. Wie lange noch? – Warten auf den Messias

Der Advent ist die Zeit des Wartens. Es ist ein freudiges und hoffendes Erwarten, ausgerichtet auf das Kind im Stall. Doch das Warten greift viel tiefer: es geht nicht nur um ein Kind, sondern den Gesalbten Gottes – im Griechischen: Christus und im Hebräischen: Maschiach (oder vom Hebräischen ins Griechische übertragen der bekanntere Begriff: Messias). Das Warten auf den Messias galt lange als das verbindende Element zwischen Christ:innen und Jüd:innen, natürlich unter je unterschiedlichen Vorzeichen, denn im Christentum hat sich das Geheimnis gelüftet und der Messias wurde in Gestalt von Jesus von Nazaret erkannt. Es wird heute dessen „zweite Ankunft" erwartet, also die Wiederkunft Christi am Jüngsten Tag, die der ersten Ankunft in der Geburt in Betlehem folgen soll.

Das Judentum erwartet die einmalige Ankunft „seines“ Gesalbten – und es kommt zugleich nicht selten vor, dass sich auch Rabbiner als Messias zu erkennen gaben oder diese Zuschreibung von einer Gruppe gläubiger „Jünger“ an sie herangetragen wird.

Was aber ist ein Messias und was zeichnet ihn als solchen aus? Auf diese Frage gibt es wohl je nachdem, welche Gruppierung man fragt, die unterschiedlichsten Antworten. Für einige Kreise ist die Erwartung eines Messias fundamental wichtig, für andere weniger. Das Christentum ist aber, da es den Begriff „Christus“ ja schon im Namen trägt, besonders herausgefordert, den Gedanken der Messianität positiv aufzunehmen und zu entfalten. In der Bibel heißt es über den Messias, er sei der von Gott eingesetzte König Israels und Nachfolger Davids (vgl. Jer 33,17). Er werde ein Friedensreich gründen und das gesamte Volk Israel vereinen, so der Gedanke insbesondere nach der Zerstörung Jerusalems durch die Babylonier 586 v.Chr. und die daran anschließende Überführung der Eliten Israels ins Zweistromland. Das Königtum war krachend gescheitert und ein Friedenskönig wurde von Gott her erhofft und ersehnt. Rein technisch gesehen, waren viele Könige Israels „Gesalbte“, denn die meisten von ihnen wurden in der Tradition der Königssalbung seit dem ersten König Saul, dem Vorgänger Davids, von Propheten mit Öl gesalbt. Die Propheten waren quasi „Sprachrohr“ Gottes, verkündeten und befolgten seinen Willen – etwa der Prophet Samuel, der erst Saul (1 Sam 10) und dann David zum König über Israel salbte (1 Sam 16). Es salbt also nicht ein König seinen Nachfolger oder das Volk bestimmt seinen König, sondern Gott selbst (vermittelt durch Propheten) beruft auf den Thron – diese Denkweise des Königtums von Gottes Gnaden ist ja auch in Europa übernommen worden. Die Vorstellung kommt auch in den Psalmen häufig vor; als ein Beispiel: „Seinem König verleiht er große Hilfe, Huld erweist er seinem Gesalbten, David und seinem Stamm auf ewig." (Ps 18,51). Der Gedanke des Königtums war natürlich auch mit der Erwartung von militärischem Schutz verbunden, weshalb der Messias auch mit einer gewissen militärischen Potenz und Macht als siegreicher Anführer imaginiert wurde. Dann war mit dem Königtum auch noch das Richteramt verbunden – es war also ein ziemlich aufgeladenes und hohes Amt, das der Gesalbte Gottes erfüllen sollte. Man könnte auch sagen: der Messias-König ist eine Art charismatischer Anführer, der zugleich höchster Richter und höchster Priester ist. Er nimmt eine Mittlerrolle zwischen Himmel und Erde ein, ist von Gott berufen und dient den Menschen, indem er die Gerechtigkeit im Land fördert und verwirklicht. Wow, was für eine Job-Beschreibung!

Das klitzekleine Problem war natürlich: dies ist ein Ideal, das sich gerade in der Zeit des Exils bildete – auch im Wissen darum, dass die bisherigen Könige vielleicht charismatisch, erfolgreich im Kampf und klug oder, wie Salomo, sogar weise waren, aber letztlich nie an dieses Ideal heranreichten. Der Messiasbegriff konnte einerseits ganz „flach" für jegliche legitime Herrscherfigur verwendet werden (etwa auch für den Fremdherrscher Kyrus; Jes 45,1), andererseits konnte er so „hoch" aufgebauscht werden, dass er zum vollkommenen Herrschaftsideal wurde und in irdischen Kategorien eigentlich gar nicht auszufüllen war.

So wurde ab dem 2. Jahrhundert vor Christus der Gedanke lauter, dass der Messias eigentlich eine endzeitliche Erlösergestalt sein müsse – eine Art Heils-Superman, der vom Himmel erwartet wird und endlich mit allem Übel auf Erden Schluss machen wird. Die Hoffnung war groß und drückt sich in Schriften aus wie etwa dem Buch des Propheten Daniel, der mit seinen Visionen vom Menschensohn bildreich beschrieb, wie er sich das Kommen des Messias vorstellt (vgl. Dan 7,13-14). Langsam aber sicher wurden immer mehr Stellen aus der Prophetenliteratur in so eine „messianische" Richtung verstanden und auch Psalmenworte so gedeutet (etwa Ps 2). Auch alte Texte, wie die Genesis wurden herangezogen: So dachte man etwa, dass der Messias aus dem Stamm Juda kommen würde (Gen 49,10), ein Nachfahre Davids sein (u.a. 1 Chr 17,11; Jer 33,17) und den Tempel wiederaufbauen werde (Mi 4,1 oder Ez 37,24-28) – zuletzt werde er den Weltfrieden bringen, wie die schöne Stelle in Jes 2,4 zum Ausdruck bringt.

Wir können das vielleicht gut nachempfinden: gerade Menschen in autokratischen Regimen ersehnen so einen Friedensherrscher und Retter tagtäglich. Wir müssen in Europa nicht weit schauen und stellen Unterdrückung von Frauen und gesellschaftlichen Minderheiten fest, Behinderungen und Verletzungen der Presse- und Meinungsfreiheit und vieles mehr. Der Messias war der ersehnte König der Könige – der Herrscher, der nicht an sein Ego, seinen Geldbeutel, seine Verwandtschaft oder seinen Eintrag in die Geschichtsbücher denkt, sondern voll und ganz Gott und den Menschen dient.

Das Wesen des Advents ist die hoffende Erwartung, dass so eine erlösende Herrschaft gelingt und realisiert werden kann – in dieser hoffenden Erwartung, könnte man meinen, sind Juden und Christen bis heute verbunden. Doch während die Christ:innen den Messias gefunden haben und dieses Motiv für das Christentum als Religion konstitutiv geworden ist, emanzipierte sich das Judentum immer stärker von diesen Vorstellungen. Neuere Überlegungen jüdischer Theolog:innen legen dar, dass das Warten auf einen Messias eigentlich keine Brücke mehr zwischen Judentum und Christentum darstelle und die Hoffnung auf eine einzelne Erlösergestalt sich für viele Jüdinnen und Juden nicht mehr mit dem Anspruch vertrage, zwischen Gott und Mensch einen Mittler zu benötigen.[2] Das Christentum hingegen hat diese Vorstellung durch ihren Religionsstifter Jesus so stark aufgenommen, dass es sich vom Messias in der Krippe von Betlehem nie mehr trennen kann. Daher werden wir in der Advents- und Weihnachtszeit auch mit zahlreichen Texten konfrontiert, die von „Erfüllungen" von Prophetenworten sprechen. Die urchristlichen Texte, die wir im Neuen Testament überliefert haben, setzten bei den alten Prophetenworten an und deuteten Jesus als die Erfüllung der messianischen Verheißungen.[3] Das ist aus heutiger Sicht nicht unproblematisch und erfordert viel „Übersetzungsleistung" und auch Erklärungen.

Die häufig gestellte Frage, ob Jesus sich selbst als Messias bezeichnete oder auf diese Vorstellung aktiv Bezug nahm, kann nicht klar beantwortet werden und bleibt offen. Die Schriften des Neuen Testaments – erst Jahre nach Jesu Tod schriftlich fixiert – sind sicher auch in diese Richtung nachjustiert worden. Der Einzug Jesu in Jerusalem trägt zum Beispiel Züge der Ankunft eines messianischen Herrschers und ist historisch vermutlich anders abgelaufen. Aber weil sich Jesus sein Leben lang von jeglichem gewaltsamen Widerstand distanzierte, konnte er auch von seinen Zeitgenossen als Friedensfürst, der ohne ein Heer von Soldaten oder Legionen ein Heilskönig für sein Volk sein wollte, angesehen werden. Die Weihnachtserzählungen setzen bei diesem Bild an und so muss man vorsichtig sein: viele der Texte, die uns begegnen, sind in diesem Schema der „Verheißung-Erfüllung“ angelegt – als in Jesus wahr gewordene Prophetenworte. Dies ist in jedem Fall eine theologische Interpretation und, ja, letztlich eine Glaubensfrage. So können wir nur sagen: Viele traten auf mit dem Anspruch, der Messias zu sein, doch kaum ein anderer entwickelte eine derartige Strahlkraft wie Jesus. Wir werden sehen, was die neutestamentlichen Texte und die kirchliche Tradition aus den alten biblischen Heilsverheißungen und Hoffnungen gemacht haben. Auch wandelten sich die Messiasbilder enorm und sind nicht eindeutig geblieben – so ist der Maschiach in den Büchern der Tora ein anderer als derjenige in der rabbinischen Literatur. Dass das Christentum aber auf der Ankunft/Geburt und letztlich der Wiederkehr eines Messias am Jüngsten Tag aufbaut, macht es zu einem „Personenkult“, einer ganz und gar auf eine konkrete Person fokussierten Religion. Oder anders gesagt: Man kann nicht Christ:in sein, ohne an die Person Jesus von Nazareth als den Christus, den Gesalbten Gottes, zu glauben.

Das ist vielleicht im Advent gerade die erste brisante Erkenntnis: Dass das Christentum durch und durch „messianisch“ ist. Der Advent als Zeit des Wartens ist damit auch eine Zeit des Reflektierens der messianischen Prophetenworte, auf die man auch in den Gottesdiensten im Advent immer wieder trifft. Einen Propheten, der im Advent besonders häufig vorkommt und für den Messias-Gedanken wichtig war, wollen wir uns in Folge näher ansehen.

Musikbox: Erwartung des Messias

- *O Herr, wenn du kommst* (neues geistliches Lied; GL 233); ein schöner, sehnsuchtsvoller Ruf nach dem Messias.
- *Veni veni Immanuel* (engl. O come, o come Immanuel; geistliches Lied); auch hier wird vor allem die Sehnsucht nach dem Messias zum Ausdruck gebracht – gibt es in eher choralen Versionen aber auch ein wenig moderner mit unterlegtem Beat

3. Rorate Coeli! Jesaja als Prophet des Advents

Zu den besonderen Gottesdiensten im Advent gehören die sogenannten „Rorate-Messen". Sie finden entweder ganz früh morgens oder am Abend statt und werden in der dunklen Kirche allein bei Kerzenlicht gefeiert. Die ungewohnte Zeit (6 Uhr morgens ist sicher nicht jedermanns Sache ...) und das Kerzenlicht symbolisieren das wartende Volk, das seinen Erlöser ersehnt (vgl. Ps 130,6). Der Text, von dem der Name „Rorate" kommt, ist im Buch des Propheten Jesaja zu finden:

> Taut, ihr Himmel, [lat.: rorate coeli] von oben, / ihr Wolken, lasst Gerechtigkeit regnen! Die Erde tue sich auf und bringe das Heil hervor, / sie lasse Gerechtigkeit sprießen. / Ich, der HERR, erschaffe es. (Jes 45,8)

Nicht nur in diesem Gotteswort taucht Jesaja im Advent auf, sondern die Lesungen des Advents sind voll mit Texten aus diesem Prophetenbuch. Hier ein kleines „Best-of" aus den Lesungen der Adventssonntage:

> „In jenen Tagen sprach der Herr zu Ahas – dem König von Juda; und sagte: Erbitte dir ein Zeichen vom Herrn, deinem Gott, tief zur Unterwelt oder hoch nach oben hin! Ahas antwortete: Ich werde um nichts bitten und den Herrn nicht versuchen. Da sagte Jesaja: Hört doch, Haus Davids! Genügt es euch nicht, Menschen zu ermüden, dass ihr auch noch meinen Gott ermüdet? Darum wird der Herr selbst euch ein Zeichen geben: Siehe, die Jungfrau hat empfangen, sie gebiert einen Sohn und wird ihm den Namen Immanuel – Gott mit uns – geben." (Jes 7,10-14; 4. Adventssonntag Lesejahr A)

> „Tröstet, tröstet mein Volk, spricht euer Gott. Redet Jerusalem zu Herzen und ruft ihr zu, dass sie vollendet hat ihren Frondienst, dass gesühnt ist ihre Schuld, dass sie empfangen hat aus der Hand des Herrn Doppeltes für all ihre Sünden! Eine Stimme ruft: In der Wüste bahnt den Weg des Herrn, ebnet in der Steppe eine Straße für unseren Gott! Jedes Tal soll sich heben, jeder Berg und Hügel sich senken. Was krumm ist, soll gerade werden, und was hüglig ist, werde eben. Dann offenbart sich die Herrlichkeit des Herrn, alles Fleisch wird sie sehen. Ja, der Mund des Herrn hat gesprochen." (Jes 40,1-5; 2. Adventssonntag Lesejahr B)

> „Hättest du doch den Himmel zerrissen und wärest herabgestiegen, sodass die Berge vor dir erzitterten. [...] Seit Urzeiten hat man nicht vernommen, hat man nicht gehört; kein Auge hat je einen Gott außer dir gesehen, der an dem handelt, der auf ihn harrt. Du kamst dem entgegen, der freudig Gerechtigkeit übt, denen, die auf deinen Wegen an dich denken. Siehe, du warst zornig und wir sündigten; bleiben wir künftig auf ihnen, werden wir gerettet werden." (Jes 63,19b; 64,3-4; 1. Adventssonntag Lesejahr B)

Bevor wir uns die Bedeutung der Texte in gebotener Kürze anschauen, zunächst wenige Hintergrundinfos zum Jesajabuch. Das Jesajabuch ist in sich schon Heilsgeschichte: Es besteht, so die gegenwärtige Forschung, aus grob gesagt drei Teilen, die zu unterschiedlichen Epochen in die Geschichte Israels hineinsprachen. Der älteste Teil (sog. „Protojesaja"= erster Jesaja; 740-701 v.Chr.; Jes 1–39) reflektiert den Untergang des Nordreichs Israels 722 v.Chr. und deutet die Bedrohung Jerusalems durch die Assyrer als große göttliche Mahnung. Der wirkmächtige „zweite" Jesaja („Deuterojesaja", 586-538 v.Chr. verfasst; Jes 40–55) schrieb zur Zeit der Babylonischen Gefangenschaft in Babylon, ist also mit im Exil. Dort tröstet er das Volk Israel mit seiner Prophetie und wirbt bei den Eliten des Volkes, die sich gerade beginnen in der neuen Heimat einzurichten und drohen dem Reiz der Hochkultur zu erliegen, für eine Rückkehr ins ihnen verheißene Land. Denn der Perserkönig Kyrus hatte den Eliten Judäas diese Möglichkeit eröffnet und so gestaltet Deuterojesaja den Auszug aus Babylon und die Rückkehr nach Zion als eine Art neuen Exodus, analog also zum Auszug der Israeliten aus Ägypten ins verheißene Land. Der letzte Teil des Buches (in der Forschung manchmal als „Triotojesaja“= dritter Jesaja benannt; um 520 v.Chr. entstanden; Jes 60–62 mit Erweiterungen bis Jes 66) ist dann wiederum in Jerusalem verfasst und an die Rückkehrer gerichtet, die sich nach dem Exil wieder auf dem Zionsberg beheimaten. Zu „einem“ Prophetenbuch komponiert wurden die Schriften wohl erst im 5./4. Jahrhundert vor Christus. Diese große Zeitspanne von rund 200 Jahren bewegter Geschichte für das Volk Israel hat dazu geführt, dass nach der Endredaktion des Jesajabuches, dieses als größtes Prophetenbuch Israels angesehen wurde – zusammen mit den Prophetenrollen des Jeremias und Ezechiel.

Darin wird deutlich, dass der Glaube an den Gott Israels, immer wieder Zweifeln und Fragen ausgesetzt war. Der Prophet Jesaja erinnert das Volk Israel daran, dass Gottes Wirken in allen Bedrängnissen fortdauert, Gott treu bleibt und eingreifen wird, wenn es nicht anders geht. Erfleht wird die göttliche Hilfe von oben in markigen Worten. Das Volk, das doch auf einem Weg mit Gott ist, den Weg durch die Zeit mit ihm bestreiten will, erwartet von Gott Zeichen und Wunder. Jesaja schenkt diese Hoffnungsbilder, die von einem Neubeginn sprechen und von dem starken Arm Gottes.[4]

Schauen wir mit diesen Informationen zum Jesajabuch im Hinterkopf auf diese kleine adventliche Textauswahl: Der erste Text aus Jes 7 ist aus dem ältesten Teil der Prophetenschrift. Der Prophet kritisiert König Ahas in Jerusalem wegen dessen schwankender Diplomatie gegenüber der Bedrohung durch die Assyrer. Jesaja fordert, im Vertrauen auf Gott, sich jeder direkten Aktion zu enthalten und keine Partei zu ergreifen bzw. kein Bündnis einzugehen. Dies tat der König zwar letztendlich nicht (wie man in 2 Kön 16,1-20 genauer nachlesen kann), aber Jesaja versucht sein Werben um Vertrauen auf Gott mit dem Bild eines Neugeborenen zu untermauern, das den Namen „Immanuel" (Gott mit uns) trägt. Die Aussage ist: Auch wenn die Könige nicht die Hoffnung teilen, legt Gott seine Hoffnung und Zuwendung in die Menschen – genauer: in ein Menschenkind. Das größte Hoffnungsbild wird bei Protojesaja im zweiten Kapitel entworfen: die Völkerwallfahrt auf den Zion. Der Begriff „Zion" kommt 47 Mal im Buch vor. Der Zionsberg in Jerusalem, der Ort, wo Gott im seinem Tempel wohnt, ist auch trotz aller militärischer und sonstiger Konflikte der große Sehnsuchts- und Hoffnungsort. Es ist der Ort, an dem Gott als König herrscht und auf dem er seinen Messias-König einsetzen wird. Es ist der Ort der Wallfahrt aller Völker in Frieden und Freiheit (Jes 2) und Ort des großen Festmahls Gottes (Jes 25,6-8). Der Zion erscheint von außen (durch Eindringlinge fremder Völker wie der Assyrer und der Babylonier) bedroht, aber auch von „innen" durch das fehlende Vertrauen der Israeliten in ihren Gott. Diese will Jesaja bestärken.

Die Texte in Jes 40 und 63 sprechen aus der Situation des Exils bzw. Nachexils Trost zu und stellen klar: Gott will das Heil der Menschen, und zwar nicht nur Israels, sondern das Heil aller Menschen. Der bisher oft verschlungene Heilsweg soll gerade werden, er wird für alle Völker auf den Zion führen, und Gott selbst kommt denen entgegen, die Gerechtigkeit üben. Diese Stellen wurden auch so gedeutet, dass Gott als König seine Herrschaft antritt – er bzw. sein Gesalbter (=Messias). Dies führte dazu, dass die Evangelien des Neuen Testaments sowie die christliche Theologiegeschichte diese Prophetenschrift auch gerne dazu nutzten, um den dreifachen Advent Gottes zu betonen. Damit ist gemeint: die endzeitliche Ankunft Gottes am jüngsten Tag, die Ankunft Gottes in seinem Messias Jesus von Nazaret sowie die Ankunft Gottes in den Herzen der Gläubigen.

Die Friedens- und Hoffnungsbilder Jesajas sind also Sinnbild für den Advent: Eine messianische Heilszeit wird vom Kind in der Krippe erwartet. Sie ist geprägt von wahrem und beständigem Frieden und echter Freude in Jerusalem und auf dem Zion darüber, dass der Messiaskönig seinen Platz einnehmen wird. Dass der Thron dieses Messiaskönigs allerdings nicht der Jerusalemer Tempel sein wird, sondern ein Kreuz vor den Toren der Stadt, ist die schier paradoxe Wendung, die die christliche Erzählung schließlich nimmt, die aber im adventlichen Träumen des Propheten Jesaja noch weit entfernt scheint. Ostern – das kommt später …

Musikbox: Jesaja und Zion

- *Rorate Coeli* (lateinischer gregorianischer Choral, wie er oft in den adventlichen Lichtgottesdiensten, den Roratemessen, zu Beginn gesungen wird). Dieses Lied nimmt unmittelbar Bezug auf die Hoffnungstexte Jesajas und ist auch als deutsches Kirchenlied mehrfach adaptiert worden (z.B. in den Liedern: „Tauet Himmel den Gerechten“, in dem auch die Botschaft der Empfängnis Jesu an Maria erwähnt wird, oder „O Heiland reiß die Himmel auf“; GL 231).

- *Es ist ein Ros entsprungen* (Weihnachtslied; GL 243), nimmt Bezug auf Jes 11,1.

- *Tochter Zion freue dich!* (Weihnachtslied; GL 228), dieses Lied nimmt Bezug auf das Prophetenwort aus Sach 9,9. Der Einzug des Friedenskönigs auf dem Heilsberg Zion, dem Ort des Tempels (vgl. Jes 2), wird feierlich besungen.

- *Bereite dich Zion* (Weihnachtsoratorium von J.S. Bach), die schöne Arie hat zum Thema, dass sich Zion für seinen König bereitmachen soll – den Schönsten, den Höchsten bald bei sich zu sehen …

- *Stadt* (von Adel Tawil und Cassandra Steen; Popsong), Heilsbilder wie das „Neue Jerusalem" oder „Zion" als Sehnsuchtsort gibt es nicht nur in der Bibel. Inspiriert von diesen Bildern ist aber sicher dieser Song. Man stelle sich vor, der an der Welt verzweifelte Sänger steht für den Menschen und die Sängerin für Gott …

WEIHNACHTSZEIT – DIE MACHT DER FÜLLE

4. Gloria in excelsis Deo! Die Heilige Nacht als Tor zur Weihnachtszeit

Schauen wir wieder auf unsere Rahmung und gehen wir ans Ende des Advents: Mit dem Heiligen Abend ist das Ende der Adventszeit erreicht und die Weihnachtszeit beginnt. Der Übergang ist der Abend des 24. Dezember, der Vorabend des Weihnachtsfestes also, das am 25.12. gefeiert wird. Oft wird der 24.12. als großer Bescherungstag begangen, nach dem der ganze Zauber schnell verflogen ist. Okay, vielleicht noch eine große Gans am Weihnachtstag und am zweiten Feiertag die restliche Verwandtschaft besuchen, aber dann war es das. Die Weihnachtsmärkte werden abgebaut und man genießt die Zeit „zwischen den Jahren" meist mit seinen Lieben oder entflieht in den Winterurlaub.

Dabei ist Heiligabend nicht das Ende, wie man von außen meinen könnte, sondern der Anfang! Er ist der Übergang zwischen dem Warten des Advents und der Freude über die Erfüllung dieses Wartens. In einigen Ländern werden die Geschenke erst am 25. Dezember ausgepackt, in wieder anderen erst am 6. Januar, dem Dreikönigstag. Dass wir uns überhaupt etwas schenken an Weihnachten liegt darin begründet, dass Gott uns in Jesus das größte aller Geschenke gemacht hat und wir diesem nacheifern wollen. Während die Adventszeit ein Sinnbild für unser Warten in Sehnsucht und Mangel ist und damit unsere irdische „Jetztzeit" beschreibt, ist die nun anbrechende Weihnachtszeit als Füllezeit ein Sinnbild für das Königreich der Himmel, das bei der Wiederkunft des Messias erhofft wird. Ich persönlich finde ja die „Mangelzeiten" des Advents und der Fastenzeit vor Ostern immer viel interessanter, weil sie die Spannung unserer Existenz deutlich machen, während die Füllezeiten nach Weihnachten und Ostern eigentlich „nur" das Thema der grenzenlosen Freude kennen. Aber sei es drum – grenzenlose Freude ist ja auch etwas Schönes, oder?

Da die Adventszeit damals, wie erwähnt, eine Fastenzeit zur Vorbereitung auf Weihnachten war, was wir uns heute mit all den Plätzchen und dem Glühwein im Vorfeld überhaupt nicht mehr vorstellen können, ist auch der Heiligabend noch in einigen Regionen als Fasttag behandelt worden. So gibt es etwa in Polen, Schlesien, Böhmen und Teilen Bayerns den Brauch, Karpfen an Heiligabend zu essen. In anderen Regionen gelten Würstchen mit Kartoffelsalat als einfaches Heiligabendessen, dem dann der große Braten am Weihnachtstag folgt. Es gibt hier vermutlich so viele Traditionen wie es Familien gibt. Der Tag hat immer einen eigenen Ritus – selbst bei Menschen, die vielleicht wenig bis gar nichts mit Religion zu tun haben. Die Uhren ticken hier anders.

Die Heilige Nacht ist eine der dunkelsten Nächte des Jahres so kurz nach der Wintersonnenwende. Der Wende-Aspekt ist dem Weihnachtsfest eigen: Jahreszeitenwende vom Dunkel zurück zum Licht, aber auch die Zeitenwende, die mit der Geburt Jesu verbunden war. Immerhin teilen wir unsere Zeit in eine Zeit „vor Christus" und „nach Christus" ein – den Grund dafür liefert das Weihnachtsfest. In dieser dunklen Stunde also wird dann die Wende der Zeit in einer Mitternachtsmesse gefeiert. Das Martyrologium, ein Gesang zu Beginn, der das Weihnachtsereignis „historisch“ einordnet, indem die großen weltgeschichtlichen Ereignisse vor der Geburt Jesu betont werden wie z.B. die Gründung Roms, macht deutlich, dass diese dunkelste Stunde des Jahres vom Licht des Erlösers erleuchtet wird.

Dieses Licht strahlt dann – so zumindest in der katholischen Tradition – acht Tage lang besonders hell: Es wird eine sogenannte Oktav (von lat. „acht“) gefeiert, in der jeder Tag Weihnachten ist. Zwar haben wir nur einen ersten und zweiten Weihnachtstag als gesetzlichen Feiertag frei, aber es gibt auch den dritten bis achten! Wenn Ihnen also am 29.12. noch jemand „frohe Weihnachten“ wünscht, ist das absolut legitim. Während die ersten Buden auf dem Weihnachtsmarkt abgebaut werden, legt das christliche Weihnachten also erst los. Theologisch betrachtet ist unsere Feierkultur rund um Weihnachten ein bisschen schräg: wir hören auf mit dem Feiern, wo es doch gerade erst losgeht!

5. Die Weihnachtsoktav und ihre vielen Aspekte

Mit Weihnachten ist dann aber längst noch nicht Schluss. Das Fest wird in den folgenden Tagen in verschiedenster Weise ausgedeutet – vor allem in den Tagen der Oktav. Da gibt es z.B. den Festtag am 26.12., der an den ersten Märtyrer Stephanus erinnert. Das ist ein ziemlicher Mood-Killer, aber diese prominente Stellung verdeutlicht, dass die Offenbarung Gottes in Jesus Christus auch zu Streit und Verfolgungen geführt hat. Der 27.12. ist dem Evangelisten Johannes gewidmet, der auch als der geliebte Jünger Jesu galt.[5] Der 28.12. ist der Gedenktag der unschuldigen Kinder: Es wird an den Kindermord von Betlehem auf Veranlassung von Herodes erinnert (dieser wird im Matthäusevangelium beschrieben, gilt aber aus Sicht der Bibelwissenschaftler:innen nicht als historisches Ereignis). Der Gedenktag führt uns heute u.a. vor Augen, dass Kinder als schwächste Glieder der Gesellschaft unseres kollektiven Schutzes bedürfen. Der Sonntag in der Weihnachtsoktav ist dann immer das „Fest der Heiligen Familie". Das ist ein spannendes Fest, da diese Familie so gar nicht dem Prototyp von glückendem Familienleben entspricht: Vater aus gutem Hause überlegt die Mutter zu verlassen, weil sie vielleicht fremdging; Mutter ist von der Sorge um ihren Sohn vollkommen eingenommen, so dass sie vermutlich kaum auf die Bedürfnisse ihres Mannes und ihre eigenen eingehen kann, der Patchwork-Sohn macht sein eigenes Ding (siehe etwa das Reißausnehmen Jesu im Tempel; s.u. Kapitel 16) – also alles in allem: vielleicht nicht so harmonisch und ideal, wie man sich das Ganze so vorstellt. Lange und manchmal in Predigten auch noch heute, musste und muss dieser Tag dazu herhalten, die Heilige Familie als eine Idealfamilie zu zeichnen, doch bei näherem Hinschauen macht das Fest eher deutlich, dass Familien gerade dann „heilig" und stark sind, wenn sie sich zusammenraufen und trotz schwerer Umstände immer wieder zusammenfinden. Weihnachten ist kein Fest des Ideals, sondern bricht das Ideal immer auch an einer Wirklichkeit, die grausam und brutal sein kann (Stephanus), vielleicht manchmal die Bodenhaftung verliert (wie der sehr spirituelle Entwurf, für den der Evangelist Johannes steht) und Unschuldige und Schwache in ungerechter Weise behandelt, misshandelt oder tötet (unschuldige Kinder). Die Heilige Familie ist der stärkste Bruch eines Ideals: Auch, wenn uns Werbung und Fernsehen die perfekte Familienidylle vorgaukeln oder wünschen, so sind unsere familiären Strukturen doch immer plural, ob dies die Patchworkfamilie mit Stiefgeschwistern ist oder eine gleichgeschlechtliche Ehe mit Kindern, und manchmal sind sie auch toxisch, wenn rechte Positionen, Alkoholismus oder Gewalt den Frieden stören oder Familien sogar zerstören.

All diese weihnachtliche Spannung und Brechung vollendet der Oktavtag, der achte Tag nach Weihnachten, als der Tag der Namensgebung Jesu und seiner Beschneidung – zugleich der erste Tag des neuen Kalenderjahres und Hochfest der Gottesmutter Maria. Der 1.1. ist also theologisch auch prall gefüllt, steht aber mit Silvester heute ganz im Zeichen des Wechsels von Alt zu Neu, was dem weihnachtlichen Festgeheimnis ja auch zugutekommt. Es wird heute von einigen Theologen gefordert, die Weihnachtsoktav etwas klarer zu strukturieren und noch einmal neu zu ordnen. Gerade der 1. Januar als Oktavtag, der bis zur Liturgiereform des Zweiten Vatikanischen Konzils der Beschneidung Jesu gewidmet war und somit die jüdische Grundierung des Christlichen besonders sichtbar machte, wäre ein tolles Zeichen – insbesondere, weil es in der orthodoxen und reformatorischen Tradition auch nie abgeschafft wurde. Grundlage wäre hier Lk 2,21, wo die Namensgebung und Beschneidung explizit erwähnt werden. Der Oktavtag kann also heute noch als „Namenstag Jesu“ und eben als Tag seiner Beschneidung erinnert werden. Mit dem Neujahrstag endet die Oktav, aber noch nicht die Weihnachtszeit, die noch bis zum Sonntag nach dem 6. Januar weiter geht …

Musikbox: Weihnachtsoktav

- *Der Anfangschoral des Weihnachtsoratoriums von Bach „Jauchzet frohlocket"* ist eigentlich das perfekte Lied für die weihnachtliche Oktav. Die pure Freude über den neugeborenen Messias ist darin ganz herrlich in Musik geronnen. Unbedingt in diesen Tagen einmal reinhören!

- Den Charakter der Jahreswende betonen auch viele Kirchenlieder. Ein prominentes unter Ihnen ist *„Lobpreiset all zu dieser Zeit"* (GL 258), das vertrauend auf das vergangene und positiv auf das neue Jahr hin sinniert: „Dem Herrn, der Tag und Jahr geschenkt, der unser Leben trägt und lenkt sei Dank und Lob gesungen".

6. Ja, ist denn heut noch Weihnachten? Zwei nachklingende Feste

Die liturgische Weihnachtszeit will auch nach dem Ende der feierlichen Oktav das Geheimnis der Menschwerdung Gottes noch etwas nachklingen lassen – und das bis zum Sonntag nach dem 6. Januar. Im Zentrum steht in dieser Zeit die Bedeutung der Geburt Jesu für das erwählte Volk Israel und die ganze Welt.

Schauen wir uns zunächst den 6. Januar genauer an. Der „Dreikönigstag", wie er im Volksmund auch heißt, trägt eigentlich den sperrigen Namen „Erscheinung des Herrn". Das sagt uns erst einmal nicht viel. Wenn wir den griechischen Begriff nehmen – „Epiphanie" – dann ist das aussagekräftiger, denn eine „Epiphanie" ist eine Gottesoffenbarung, die Erscheinung eines Gottes oder Königs vor den Menschen. Die Idee dahinter ist folgende: Die Sterndeuter, die laut dem Text des Matthäusevangeliums zur Krippe kommen, symbolisieren den Erdkreis, der noch bevor es das eigene Volk tut, dem Messias huldigt. In der Kunst wurden die Könige daher oft als symbolische Vertreter der drei damals bekannten Kontinente dargestellt (Asien, Europa, Afrika) oder auch als die drei Alter des Menschen: Jugend, mittleres Alter und hohes Alter, wie man etwa auf den Mosaiken in der römischen Kirche Santa Maria in Trastevere sehen kann.

Abbildung 1: Anbetung der Heiligen drei Könige; byzantinisches Mosaik in Santa Maria in Trastevere in Rom (um 1250)[6]

Namen sind erst außerhalb der Bibel überliefert: Caspar, Melchior und Balthasar – vermutlich aufgrund des Segnungsspruchs „Christus mansionem benedicat" (= Christus segne dieses Haus!) so hergeleitet. Der Besuch ist sozusagen der Besuch der Völker der Welt beim jüdischen Messias. Das ist also die erste große Offenbarung vor der Welt, die „Erscheinung" vor den Völkern, das Offenbarwerden Gottes. Warum dies so bedeutsam ist, dass es auch einen eigenen Feiertag bekommen hat, werden wir dann besser verstehen, wenn wir uns die Texte näher ansehen. In der orthodoxen Tradition war die Epiphanie der Termin, an dem neben der Anbetung der Weisen auch an die Taufe Jesu im Jordan und an die Hochzeit von Kana erinnert wurde, da all dies „offenbarende" Momente waren. Im Katholizismus hat sich das abgekapselt als eigenes Fest, nämlich das Fest der Taufe Jesu, mit dem am Sonntag nach Epiphanie offiziell die Weihnachtszeit endet. Die Taufe war dann auch dramaturgisch gesehen, der Übergang vom Kind in der Krippe hin zum erwachsenen Jesus, der sein öffentliches Auftreten mit der Taufe im Jordan beginnt. Bei der Taufe heißt es bei Markus etwa „dass der Himmel aufriss" (Mk 1,10) und eine mächtige Stimme erklang. Diese Offenbarung bezeugt also Jesus als den Messias vor der Welt. Und im dritten Schritt ist die Bezeugung vor der Welt in (Wunder-)Zeichen zu sehen. Das erste Zeichen vollbrachte Jesus auf der Hochzeit in Kana (Joh 2,1-12), woran eben auch im Kontext des Tauffestes im Übergang von Weihnachtszeit zu Jahreskreis gedacht wird.

Das letzte weihnachtliche Fest, das aber vollkommen außerhalb der Weihnachtszeit liegt, ist das Fest der „Darstellung des Herrn" am 2. Februar. Das sind dann genau 40 Tage nach Weihnachten. Lange Zeit reichte die Weihnachtszeit bis zum 2.2., aber nach dem Zweiten Vatikanischen Konzil beschloss man, dies zu ändern, auch, weil ja „weltlich" die Weihnachtsfeierlichkeiten und die Schmückungen etc. schon oft Anfang Januar abgebaut werden. Was allerdings in vielen Kirchen bis zum 2.2. noch stehen bleibt, sind die Weihnachtsbäume (dazu mehr in Kapitel 22). Bei dem Fest „Darstellung des Herrn“ steht der Text aus dem zweiten Kapitel im Lukasevangelium im Fokus, der davon spricht, dass Jesus 40 Tage nach seiner Geburt im Tempel Gott als Erstgeburt „dargebracht“ wurde – was aber natürlich kein Kinderopfer ist, sondern eher eine besondere Segnung war und den Dank der Eltern bezeugt. Wir werden uns diesem Text später genauer zuwenden, aber die Idee ist hier ähnlich wie beim Epiphaniefest: Es geht um das Offenbarwerden des kleinen Messias nun nicht allein vor den Völkern, sondern vor dem eigenen Volk Israel. Das Fest wird auch „Maria Lichtmess“ genannt. Weil der greise Simeon das Kind als „Licht zur Erleuchtung der Völker“ bezeichnete, werden Kerzen an diesem Tag gesegnet und in Lichterprozessionen an diese „Erleuchtung“ der Welt durch den Messias Jesus gedacht.

Dieser etwas nachklappernd wirkende Festreigen versucht also dem Geheimnis von Weihnachten einen großen Resonanzraum zu geben und hofft auf vielseitige Reflexion: Man soll darüber nachdenken, welche universale Relevanz das Weihnachtsfest hat und wie sich das Heilsgeheimnis der Menschwerdung Gottes weiter ausgefaltet hat. Es ist kein Zufall, dass relativ bald nach dem 2. Februar dann auch die Fastenzeit beginnt, in der man sich auf das nächste große zentrale Heilsfest, Ostern, vorbereitet. Der Weihnachtsfestkreis bereitet den Osterfestkreis in dieser Hinsicht schon vor: Die Inkarnation Gottes in diese Welt war schon ein absolutes Geschenk und Liebeswerk – doch die Liebe reicht weiter und tiefer … bis in den Tod, in die Unterwelt hinein, nach antikem Denken, und dann in der Auferstehung über alle Sphären der Schöpfung hinweg.

Musikbox: Epiphanie

- Interessant ist, dass es um Epiphanie auch viele Lieder gibt, obwohl es solch ein „nachklapperndes“ Fest ist, dessen Bedeutung heute viele Menschen nicht mehr so recht verstehen. Natürlich hängt das auch mit den Sternsingern zusammen, die an den Haustüren verschiedenste Lieder zur Segnung anstimmen – etwa *„Seht ihr unsern Stern dort stehen“* (GL 262).

- Das schöne englische Lied *„We Three Kings“* lässt die Könige ihre Gaben besingen und zeigt sie als vom Stern geführte Weise auf dem Weg zur Krippe. Ein schönes, mystisches Epiphanielied, das man gut auch schon zu Weihnachten hören kann.

- Natürlich ist auch ein Klassiker wie *„Stern über Betlehem“* zu nennen. Die Weisung des Sterns zur Krippe und darüber hinaus zurück ins Leben hat auch zu Neuinterpretationen geführt: Das Lied „She“ von Groove Coverage nutzt die bekannte Melodie von „Stern über Betlehem“, um daraus eine Liebesballade zu machen.

Weihnachten – die Story

Nachdem wir uns die grobe Rahmung des Weihnachtsfestes in dem festen Zyklus von Advent und Weihnachtszeit mit all ihren Festen, Gedenktagen und theologischen Grundüberlegungen angesehen haben, wollen wir uns nun den biblischen Texten rund um die Weihnachtserzählung zuwenden. Hier stellt sich zunächst die Frage nach ihrem historischen Kern bevor wir auf die beiden großen Erzählstränge über die Geburt Jesu im Matthäus- und Lukasevangelium kommen wollen.

WAS WISSEN WIR SICHER VON WEIHNACHTEN?

7. Wann und wo war Weihnachten? – Zwischen historischer Wirklichkeit und Mythos

Zunächst also zu den „harten Fakten". Die großen W-Fragen wollen beantwortet werden: Was und wer? – Das ist noch einfach: es geht um die Geburt Jesu. Wie? – das ist schon schwieriger, wenn wir an die jungfräuliche Geburt denken – dazu an anderer Stelle mehr! Wann und wo? – Hier sind wir nun bei der Frage der Datierung und Lokalisierung dieses Ereignisses angekommen.

Zuallererst muss ich ganz simpel sagen: Die Geburt Jesu ist an sich ein historisches Faktum und Bedingung der Möglichkeit dafür, dass sich das Christentum zur größten Weltreligion entwickeln konnte. Ohne Geburt, keine Verkündigung. Ohne Verkündigung keine Passion und Kreuzigung. Ohne Kreuzigung keine Auferstehung. Ohne Auferstehung kein Pfingstereignis. Ohne Pfingsten keine Kirche. So kann man es mal in aller Grobschlächtigkeit sagen.

Hat aber die Geburt Jesu unter den in den Evangelien beschriebenen Rahmenbedingungen stattgefunden? Eher nicht. Die Kindheitserzählungen wurden lange Zeit wie Protokolle tatsächlicher Ereignisse gelesen. Die Kirchenväter haben versucht eine Harmonie der Ereignisse zu rekonstruieren, merkten aber schnell: an einem Tag bzw. in einer Nacht Geburt, Besuch der Sterndeuter und dann noch Flucht nach Ägypten – das ist doch etwas viel. Es keimte bald aber auch der Gedanke – etwa bei dem Theologen Origenes, dass es nicht um die historische Wahrheit gehe, sondern um eine „geistige". Er legte die Texte aus dem Grund auch für Jüdinnen und Juden anders aus als für Menschen aus der griechisch-römischen Denkkultur – das heißt also, dass ihm schon klar war: die Texte sollen unterschiedlichen Adressatengruppen Unterschiedliches sagen. Das kann man auch auf verschiedene Rezeptionsepochen übertragen: die Texte haben den Menschen vor 1900 Jahren etwas anderes gesagt als vor 1000, 500 oder auch nur 100 Jahren.

Wir müssen uns heute in besonderer Weise vor Augen führen, dass Erzählmotive, wie diejenigen, die wir in den Evangelien finden (also z.B. Jungfrauengeburt, Weise aus dem Morgenland, wandernde Sterne etc.) in antiken Texten keinesfalls einmalig waren. Es gibt zahlreiche Verweisstellen für diese Motive in der Literatur rund um die Bibel herum.

Schauen wir einmal auf den Stern, der gerne auch zur Datierung der Geburt genutzt wurde: Sternwunder kündigten in der Antike den Eintritt großer Ereignisse und gewaltiger Veränderungen an; das konnten sowohl glückliche Ereignisse wie auch eher schlimme sein wie z.B. Kriegsausbrüche. Sterne galten als Omen, als Vorzeichen. Setzen wir einmal voraus, dass es tatsächlich zu Jesu Geburt ein Himmelsphänomen gab. Was könnte es gewesen sein? Das können wir heute ja zigmal besser beantworten als die Menschen vor 2000 Jahren!

Eine These, die auch in der Malerei Einzug fand, ist die „Kometen-Hypothese".

Abbildung 2: Giotto, Anbetung der Könige (Padua, Cappella degli Scrovegni)[7]

Das Bild des Renaissancekünstlers Giotto aus der mit Fresken reich ausgemalten Capella degli Scrovegni in Padua zeigt über der Krippe einen roten Stern, der einen Schweif nach sich zieht. Kometen kommen nicht allzu selten vor, sind spektakulär zu beobachten, da sich durch die verdampfende Oberfläche aus Eis und Geröll, der Schweif verändert. Durch einen Kometen kam, so vermuten Wissenschaftler:innen, das Wasser als Grundelement des Lebens überhaupt erst auf unseren Planeten. Auf dem Fresko wird ein Komet dargestellt, den Giotto wohl auch selbst gesehen hat: den Halley'schen Kometen. Er kommt etwa alle 75 Jahre an der Erde vorbei – zuletzt 1986 – das nächste Erscheinen wurde für 2061 berechnet. Er wird aus zwei Gründen aber wohl nicht in Frage kommen: zunächst, weil Kometen eher negative Omen sind und das Weltende in antiken Texten andeuten, was man sicher nicht mit der Geburt Jesu konnotiert wissen wollte und zweitens, weil er wohl lange vor der Geburt Jesu um 12 v.Chr. sichtbar war.

Neben weiteren Überlegungen, dass vielleicht eine Supernova, also die Geburt eines Sternes, zur Zeit der Geburt Jesu stattgefunden haben könne, ist die vermutlich beste Lösung eine besondere Sternenkonstellation zwischen Mars, Jupiter und Saturn. Eine solche Konjunktion konnten wir jüngst zwischen Jupiter und Saturn beobachten – passenderweise zur Wintersonnenwende 2020.[8] Jupiter galt als „Königsplanet“ und so wäre von Sternkundlern, die zudem wussten dass es neben den Fixsternen auch Himmelskörper gab, die sich durch die Tierkreise am Himmel bewegten, eine Veränderung am Himmel entdeckt und interpretiert worden. Es gibt mittlerweile unzählige Theorien darüber, was der Weihnachtsstern sein könnte – 1999 kam eine Horoskop-These des US-Astronomen Michael

Molnar hinzu, der nicht Komet oder Konjunktion, sondern eher eine besondere Konstellation um 6. v.Chr. im Sternbild Widder, das mit dem herodianischen Herrscherhaus konnotiert war, als Grund für den „Stern" sah. Jupiter und Venus seien in so einer besonderen Situation gewesen, dass Sterndeuter dann – wie es auch im Matthäusevangelium heißt –, zunächst nach Jerusalem gegangen seien, um näheres herauszufinden über dieses besondere Omen.

Diese vielen unklaren Varianten lassen aber keinen Rückschluss darauf zu, dass ein bestimmtes Ereignis die Geburt Jesu irgendwie datiert habe. Eher ist es so, dass man ausgehend von Jesu möglichem Geburtstermin nun versucht ein Sternenwunder herauszufinden. Auf diesem Wege kommen wir also historisch zumindest nicht weiter.

Was haben wir noch? Das Wo! Archäologische Fundstücke belegen sicher, dass es an der Stelle des heutigen Betlehem auch zur Zeitenwende eine Besiedlung gab und wir davon ausgehen können, dass die Stadt nahe Jerusalem an Karawanenrouten insbesondere für Gewürzhandel angeschlossen war. War diese Stadt aber wirklich der Geburtsort Jesu? Auch wenn beide Evangelisten, von denen wir Kindheitserzählungen überliefert haben, Matthäus und Lukas, Betlehem als Geburtsort nennen, ist die Namensbezeichnung „Jesus von Nazaret" doch schon Indiz genug, dass wir nicht nur das Aufwachsen, sondern vermutlich auch die Geburt Jesu in Galiläa verorten dürfen. Da aber aus dem „heidnischen Galiläa" für die Heilsgeschichte nicht wirklich Relevantes zu erwarten war, wurde die Betlehem-Erzählung schnell populär. Dieser Ort war als Stadt Davids gut bekannt. In 1 Sam 16,1 wird explizit vom „Betlehemiter Isai" gesprochen, dem Vater Davids, zu dem Gott den Propheten Samuel schickt, um einen der Söhne Isais zum König zu salben. Die Vorstellungen eines davidischen Messias haben seitdem auch in der prophetischen Literatur an Fahrt aufgenommen. Zeuge dafür mag auch die berühmte Stelle aus dem Prophetenbuch Micha sein:

> Aber du, Betlehem-Efrata, bist zwar klein unter den Sippen Judas, aus dir wird mir einer hervorgehen, der über Israel herrschen soll. Seine Ursprünge liegen in ferner Vorzeit, in längst vergangenen Tagen. Darum gibt er sie preis, bis zu der Zeit, da die Gebärende geboren hat. Dann wird der Rest seiner Brüder zurückkehren zu den Söhnen Israels. Er wird auftreten und ihr Hirt sein in der Kraft des HERRN, in der Hoheit des Namens des HERRN, seines Gottes. Sie werden in Sicherheit wohnen; denn nun wird er groß sein bis an die Grenzen der Erde. Und er wird der Friede sein. Wenn Assur in unser Land einfällt und in unsere Paläste eindringt, dann stellen wir ihm sieben Hirten entgegen und acht fürstliche Männer. (Mi 5,1-4)

Jesus wurde als der davidische Hirten-Messias gedeutet. Durch diese Verknüpfung haben wir es bezüglich der Ortsangabe „Bethlehem“ weniger mit historischer Information zu tun, sondern eher mit theologischer Deutung. Dass Betlehem Josefs Geburtsstadt als Davidnachfahre sein könnte, ist nicht unwahrscheinlich, aber im letzten nicht schlüssig beweisbar bzw. auf zu vielen Hypothesen aufbauend. Unter anderem auf dem Hinweis auf eine Volkszählung (auch: Zensus). Der Hinweis, dass sich die Geburt Jesu zur Zeit der Regentschaft des Augustus zutrug, der vom Jahr 30 vor bis zum Jahr 14 nach der Zeitenwende regierte, mag man als Zufall ansehen, ist aber auch theologisch bedacht worden: der wahre Friedensfürst kommt zur Zeit des Friedenskaisers. Wir können sagen, dass diese Volkszählung nicht vom Prokurator in Judäa Coponius durchgeführt wurde, der wohl zu frisch auf seinem Posten war, sondern vom Legaten von Syrien P. Sulpicius Quirinius. Für diese Zählung gibt es keinen außerbiblischen Beleg. Lukas nimmt vermutlich Bezug auf eine 6 n.Chr. stattgefundene Steuererfassung unter Quirinius. Der Zensus wird somit eher als Mittel zum „Ortswechsel" genutzt (s.u. Kapitel 15) und ist also auch kein Beleg für die Betlehemtradition. Alles also auf ziemlich wackligen historischen Füßen, was eine Geburt dezidiert in Betlehem angeht.

Was bleibt dann historisch überhaupt noch von Weihnachten übrig? So können wir nur sagen, dass Jesus vermutlich gegen Ende der Regierungszeit des Königs Herodes und unter der Herrschaft des Kaisers Augustus geboren wurde. Da Herodes 4 v.Chr. starb, ist bizarrerweise Jesus ca. 7-4 v.Chr. (bzw. in dem Zusammenhang wohl besser „vor unserer Zeitrechnung") in Nazaret in Galiläa geboren worden. War es im Winter, war es im Sommer? Wir wissen es nicht.
Der Weihnachtstermin wurde erst im 4. Jahrhundert auf den 25.12. gelegt, um die Wintersonnenwende auf das Fest der unbesiegbaren Sonne „sol invictus". Das Fest hat also keinen historischen Anhaltspunkt, sondern wählt frei ein Ideen-Datum, um theologisch das aufstrahlende Licht zur dunkelsten Zeit des Jahres zu symbolisieren.

Dass wir historisch wenig belastbare Fakten rund um Weihnachten haben, liegt nicht nur daran, dass die historische Person

Jesus von Nazaret überhaupt erst im Alter von ca. 30 Jahren öffentlich lehrend aufgetreten ist, sondern auch, dass die Erinnerung an ihn und die Färbung seiner Person durch das Ereignis der Auferstehung am Ostertag beeinflusst ist. Wenn wir heute in Santa Maria Maggiore in Rom eine Reliquie der Krippe verehren, in der Jesus einst gelegen haben soll; wenn wir heute nach Betlehem pilgern, um die Geburtskirche zu besuchen – dann tun wir dies nicht mit historischer Gewissheit, aber trotzdem aus guten Gründen. Wir tun dies vor dem Hintergrund einer theologischen Grundreflexion des Geheimnisses von Weihnachten, dass Gott Mensch wird.

Was haben wir also, wenn wir keine hieb- und stichfesten Fakten haben? Wir haben Erzählungen der Geburt Jesu, die vollgestopft sind mit Erwartungen und Wünschen an dieses besondere Kind in der Krippe. Diese sollten wir nun einmal genauer unter die Lupe nehmen, um zu sehen, welche Denklinien uns die Evangelisten an die Hand geben wollten, um die Geburt Jesu zu verstehen.

DIE ERZÄHLTE GESCHICHTE – DIE BIBLISCHEN NUANCEN DER WEIHNACHTSBOTSCHAFT

8. Matthäus und Lukas – die Evangelisten mit dem Blick aufs Kind

Was uns auffällt, wenn wir die Evangelien anschauen, ist ganz banal gesagt, dass uns nur zwei der vier Evangelisten überhaupt eine Weihnachtsgeschichte anbieten. Während im Markusevangelium, das zugleich als ältestes der vier Evangelien gilt, der erwachsene Jesus zur Taufe an den Jordan tritt und im Johannesevangelium nach einem mysteriösen Prolog (dazu in Kap. 19 mehr) Johannes der Täufer seine Anhänger auf Jesus aufmerksam macht, ist es bei Matthäus und Lukas anders.

Diese beiden Evangelien bieten Kindheitserzählungen, die in weiten Teilen sehr unterschiedlich sind. Die Weihnachtsgeschichte erscheint manchmal so, als hätte jemand beide Evangelien in einen Mixer geworfen und die Geschichten stark durchgequirlt. An der Krippe treffen daher die lukanischen Hirten auf die drei Weisen aus dem Matthäusevangelium. Wir schauen uns in Folge die Geschichten gesondert an, denn die jeweiligen Autoren hatten ganz unterschiedliche Zielgruppen vor Augen. Dazu noch einige Hintergrundinformationen vorweg …

Zunächst Matthäus: Er schrieb sein Evangelium vermutlich um das Jahr 80 n.Chr. auf, vermutlich für eine Gemeinschaft von Christinnen und Christen im heutigen Syrien. Diese Gemeinschaft hatte, so kann man an vielen Stellen im Matthäusevangelium schließen, einen jüdischen Hintergrund – also es waren vornehmlich Menschen, die Jüdinnen und Juden waren und sich dann zum „Neuen Weg" des Christentums bekehrten. Zugleich gab es in der Gemeinde aber auch einige Menschen, die vorher nicht jüdisch waren. Matthäus hat also eine schwere Aufgabe: Er muss den „Judenchrist:innen" aufzeigen, wo die alttestamentlichen Anhaltspunkte liegen, die Jesus zum Messias (= Christus) machen, und zugleich eine Weitung kommunizieren, dass dieser Christus eben nicht nur einer ist, der zum Volk Israel gesandt ist, sondern zu allen Menschen (schön sichtbar am letzten Satz des Matthäusevangeliums, wo Jesus seine Jünger zu allen Völkern aussendet; Mt 28,19f.). Man könnte kurzum sagen: Matthäus will einerseits klar jüdische Tradition und Verwurzelung betonen und zugleich die globale Relevanz durch die Geburt des Messias Jesus darstellen.

Ganz anders Lukas: Er schrieb ungefähr zur gleichen Zeit aber an Leser:innen, die einer gebildeten reichsrömischen Schicht angehörten. Man kann nicht klar sagen, für welche Gemeinde oder Gruppe von Christ:innen er sein Evangelium und die Apostelgeschichte aufschrieb – vielleicht eine in Griechenland, Ägypten oder Rom selbst. Die Gruppe war auf jeden Fall mit den jüdischen Wurzeln und Verheißungen vertraut, wenngleich vermutlich viele in ihr größtenteils zuvor nicht selbst eine jüdische Lebensweise gepflegt hatten. Was Lukas leisten muss, ist, eine anspruchsvolle Leserschaft mitzureißen. Er muss eine Erzählung kreieren, die voll mit mythischen und altehrwürdigen Anklängen an das Alte Testament versehen ist und die zugleich das radikal Neue betont und feierlich verkündet in einer Sprache, die die Menschen verstehen. Dazu gehört auch, die Kontrastierung dieses göttlichen Kindes in der Krippe mit dem göttlichen Herrscher im römischen Kaiserpalast ...

Natürlich haben beide Evangelisten aber auch Gemeinsamkeiten: So sind die Hauptprotagonist:innen gleich (Jesus, Maria, Josef, Herodes), wird die Empfängnis Jesu in der Jungfrau Maria durch den Heiligen Geist vorausgesetzt, ist Josef Nachkomme des Königs David und findet die Geburt in Betlehem statt. Um diesen gemeinsamen Kern herum gibt es aber nun ganz unterschiedliche Ausformungen des weihnachtlichen Grundverständnisses. Wir werden, wenn wir nun die Texte näher anschauen, sehen, wie unterschiedlich Matthäus und Lukas ihre Kindheitserzählungen gestaltet haben. Beide Wege haben das Weihnachtsfest stark geprägt und sind bis heute theologisch wirkungsreich. Schauen wir daher gemeinsam in die Texte, die Originalquellen, um uns durch sie Weihnachten zu erschließen.

MATTHÄUS: ZWISCHEN TRADITION & ANBETUNG UND VERFOLGUNG & FLUCHT

9. Aus gutem Hause – was uns der Stammbaum Jesu über ihn verrät (Mt 1,1-17)

Der Beginn des Matthäusevangeliums ist zugleich der Beginn des Neuen Testaments – und es ist ein ziemlich sperriger, wie wir gleich sehen werden. Matthäus nimmt uns mit in die Geschichte und beginnt mit nichts weniger als dem Stammbaum Jesu, den er bis zu Abraham herunterführt und damit die jüdische Identität Jesu betont. Auch Lukas kennt einen Stammbaum Jesu (nachzulesen in Lk 3,23-38), in dem er Jesu Herkunft bis Adam zurückführt und dann auf Gott selbst. Beide Listen sind nicht deckungsgleich und auch nicht als historisch zuverlässige Listen zu verstehen. Interessant ist die Theologie dahinter. Aber lesen wir zunächst den Text selbst:

> 1 Buch des Ursprungs Jesu Christi, des Sohnes Davids,
> des Sohnes Abrahams: 2 Abraham zeugte den Isaak, /
> Isaak zeugte den Jakob, / Jakob zeugte den Juda und
> seine Brüder. 3 Juda zeugte den Perez und den Serach
> mit der Tamar. / Perez zeugte den Hezron, / Hezron
> zeugte den Aram, 4 Aram zeugte den Amminadab, /
> Amminadab zeugte den Nachschon, / Nachschon
> zeugte den Salmon. 5 Salmon zeugte den Boas mit der
> Rahab. / Boas zeugte den Obed mit der Rut. / Obed
> zeugte den Isai, 6 Isai zeugte David, den König. / David
> zeugte den Salomo mit der Frau des Urija. 7 Salomo
> zeugte den Rehabeam, / Rehabeam zeugte den Abija,
> / Abija zeugte den Asa, 8 Asa zeugte den Joschafat, /

Joschafat zeugte den Joram, / Joram zeugte den Usija.
9 Usija zeugte den Jotam, / Jotam zeugte den Ahas, /
Ahas zeugte den Hiskija, 10 Hiskija zeugte den Ma-
nasse, / Manasse zeugte den Amos, / Amos zeugte
den Joschija. 11 Joschija zeugte den Jojachin und seine
Brüder; das war zur Zeit der Babylonischen Gefangen-
schaft. 12 Nach der Babylonischen Gefangenschaft
zeugte Jojachin den Schealtiël, / Schealtiël zeugte den
Serubbabel, 13 Serubbabel zeugte den Abihud, / Abi-
hud zeugte den Eljakim, / Eljakim zeugte den Azor. 14
Azor zeugte den Zadok, / Zadok zeugte den Achim, /
Achim zeugte den Eliud, 15 Eliud zeugte den Eleasar, /
Eleasar zeugte den Mattan, / Mattan zeugte den Jakob.
16 Jakob zeugte den Josef, den Mann Marias; / von ihr
wurde Jesus geboren, / der der Christus genannt wird.
17 Im Ganzen sind es also von Abraham bis David vier-
zehn Generationen, von David bis zur Babylonischen
Gefangenschaft vierzehn Generationen und von der
Babylonischen Gefangenschaft bis zu Christus vier-
zehn Generationen.

Sind Sie noch da? Preisfrage: Wer zeugte nochmal Manasse? – Kleiner Scherz! Der Text verlangt uns ziemliches Durchhaltevermögen ab. Dabei ist es als Eröffnung des Matthäusevangeliums gleich ein Schlüsseltext und die Liste enthält am Ende selbst eine Leseanleitung: Sie teilt sich auf in 3 x 14 Generationen. Die erste Zeit ist dabei so etwas wie die Zeit der Heilsverheißung – die Zeit von Abraham bis David. Dann kommt die Zeit des Königtums von David bis zur Babylonischen Gefangenschaft. Gerade in diesem Teil wird die Liste historisch ungenau, denn es sind zwischen Davids Königtum und dem Exil mehr als 14 Generationen – da wurde wohl bewusst ein wenig nachgebessert, aber sei es drum. Nach dem Exil und der Rückkehr nach Jerusalem haben wir die letzten 14 Generationen bis zum Messias Jesus.

Was Matthäus hier durch diese schöne Ordnung zu zeigen beabsichtigt: Die ganze Heilsgeschichte läuft auf Jesus zu. Von der Urverheißung an Abraham, dem Urvater des Glaubens, dessen Glaube so groß war, dass er seinen eigenen Sohn zum Opfer band, zunächst zum Hirtenkönig David, der Gott einen Tempel bauen wollte, was aber erst sein Sohn Salomo vollbrachte. Dann die Katastrophe des Exils, die Abführung der Eliten des Landes nach Babylon. Doch dort, so der Subtext, ließen sich die Vorfahren Jesu nicht von den Schätzen und der Kultur betören und kehrten in einer Art zweitem Exodus zurück ins gelobte Land. Namen wie Zadok oder Eleasar in der Liste deuten Verbindungen zum Jerusalemer Tempel an. Die Vorfahren Jesu waren also Vorbilder im Glauben (Abraham), königlich (David) und priesterlich. Die göttliche Zahl 3 unterstreicht zusammen mit den 14 Generationen, dass nun ein besonderes Zeichen kommen muss, eine neue Epoche anbricht – die, des davidischen Herrschers (die 14 entspricht dann auch noch passenderweise der Zahlenwertsumme des Namens David, da im hebräischen Alphabet jeder Buchstabe einen besonderen Zahlenwert hatte: dwd → d=4; w=6; d=4).

Um den Zahlensalat noch perfekt zu machen: Die Zahl der Generationen bis einschließlich Josef lautet 40. 40 Tage dauerte die Sintflut, 40 Jahre der Exodus, der Auszug Israels aus Ägypten. Später finden wir die 40 Tage im Evangelium beim Fasten Jesu in der Wüste wieder. Die 4 als Zahl der Welt, folgt der 3 als göttlicher Perfektionszahl und zeigt etwas an, das die Menschheit und die Erde unmittelbar und direkt betrifft.

Josef aus dem Geschlecht Davids wird als „Mann Marias" beschrieben. Jesus ist folglich dem Blut nach Jude und Davidnachkomme. Wir haben hier also den perfekten Stammbaum eines perfekten jüdischen Messias vor uns! – Ja, wirklich? Wenn Sie aufmerksam gelesen haben, wird Ihnen sicher aufgefallen sein, dass an einigen Stellen Frauennamen, die ansonsten ziemlich männerlastige Liste durchkreuzen. Das sind nicht, wie man vielleicht erwarten könnte, die großen wichtigen Stammmütter, die Frauen von Abraham, Isaak und Jakob, also Sara, Rebekka und Lea, sondern es sind Frauen, die eine interessante eigene Geschichte haben, weshalb wir kurz nach dem verbindenden Element schauen wollen.

- Die erste Frau ist Tamar, zu der es eine etwas pikante Geschichte gibt. Sie ist Kanaaniterin, also Nicht-Jüdin und wurde mit dem ältesten Sohn Judas, Er, verheiratet. Als Er starb, ohne ein Kind gezeugt zu haben, musste der zweitälteste Sohn dies nach damaliger Sitte anstelle seines Bruders „leisten" (in einer noch nomadischen Gesellschaft waren Kinder wichtig für den Fortbestand und für die Altersversorgung der Familie). Dieser Sohn hieß Onan, und ja: von ihm stammt der Begriff „Onanie", denn er weigerte sich mit Tamar Kinder zu zeugen und ließ seinen Samen auf den Boden fallen. Das missfiel Gott, der ihn mit dem Tod strafte. Der dritte Sohn, Schela, war noch zu jung. Was nun also tun? Tamar überlistete ihren Schwiegervater Juda, indem sie sich als Dirne verkleidete und empfing von ihm zwei Söhne. Die Geschichte ist nachzulesen in Gen 38.

- Die zweite Frau in der Liste ist Rahab (Jos 2 und 6), die keine Prostituierte spielte, sondern eine war. Da sie als Einwohnerin Jerichos bei der Eroberung der Stadt durch die Israeliten unter der Führung Josuas half, wurde sie verschont. Rabbinische Texte erwähnen sie als Frau Josuas, aber dieser Annahme scheint der Autor des Matthäusevangeliums nicht zu folgen.

- Die dritte Dame ist Rut. Über sie gibt es ein ganzes Buch im Kanon des Alten Testaments und es erzählt ihre Geschichte wie eine Novelle. Als Moabiterin, also ebenfalls Ausländerin, kehrt sie mit ihrer alten Schwiegermutter Noomi in deren Heimat nach Betlehem zurück, wo sie ihren späteren Mann Boas kennenlernt. Sie wird durch diese Begegnung schließlich zur Ur-Großmutter König Davids, der nun schon kanaäisches Blut (über Tamar) und moabitisches Blut (über Rut) in seiner Abstammungslinie vorweisen kann. Die liberale Ehepraxis, das man auch Nicht-Jüdinnen heiraten kann, die dann aber den Glauben annehmen und so zum Gott Israels finden, scheint sich zu bewähren, wie das Buch Rut den Menschen zeigen wollte.

- Die letzte Frau, die in der Liste auftaucht ist schließlich „die Frau des Urija“. Von ihr lesen wir in 2 Sam 11-12. König David hat einen Narren an ihr gefressen, als er sie beim Baden sah und stellte daraufhin ihren rechtmäßig angetrauten Ehemann, den Hethiter Urija bei einer Schlacht in die erste Reihe, damit er dessen Witwe dann heiraten könne. Das ist natürlich nicht die feine königliche Art, sodass der Prophet Natan dem König im Nachhinein die Leviten liest.

Sie ahnen also, was hier gemeinsam ist: Alle vier Frauen sind Proselytinnen, also Personen, die zunächst nicht jüdisch waren, sich dann aber zum Judentum bekehrten. Ganz strenge Jüdinnen und Juden würden bei dem vermeintlich so tollen Stammbaum die Nase rümpfen und sagen: Na daraus kann doch kein Messias werden! Und Matthäus nennt diese Frauen ganz bewusst, um zu zeigen: Doch, genau so ist der Messias zu verstehen. Er ist ganz und gar in Heilsgeschichte verwoben und Jude durch und durch. Zugleich ist dieser Messias aber auch einer für alle Völker. Für Matthäus war ganz klar: Israel war schon immer offen für Nichtjuden. Das will er hier zeigen. Er betont damit, dass dies kein Makel ist, sondern eine weitsichtige Öffnung in der Geschichte des Volkes Israel darstellte. In dieser offenen Tradition steht Jesus: Er wird ganz jüdisch sein, gerade auch darin, dass er neben dem Volk Israel zu allen Völkern gesandt ist.

10. Die Geburt Jesu – oder: die Macht der Träume (Mt 1,18-25)

Nach dieser auf den ersten Blick sperrigen und den zweiten dann doch ziemlich aussagekräftigen Ahnenliste, geht es in die Geburtserzählung selbst. Auffällig ist hier: Nicht Maria, sondern Josef steht bei Matthäus im Zentrum des Interesses:

> 18 Mit der Geburt Jesu Christi war es so: Maria, seine
> Mutter, war mit Josef verlobt; noch bevor sie zusam-
> mengekommen waren, zeigte sich, dass sie ein Kind er-
> wartete - durch das Wirken des Heiligen Geistes. 19
> Josef, ihr Mann, der gerecht war und sie nicht bloßstel-
> len wollte, beschloss, sich in aller Stille von ihr zu tren-
> nen. 20 Während er noch darüber nachdachte, siehe, da

erschien ihm ein Engel des Herrn im Traum und sagte:
Josef, Sohn Davids, fürchte dich nicht, Maria als deine
Frau zu dir zu nehmen; denn das Kind, das sie erwartet,
ist vom Heiligen Geist. 21 Sie wird einen Sohn gebären;
ihm sollst du den Namen Jesus geben; denn er wird sein
Volk von seinen Sünden erlösen. 22 Dies alles ist ge-
schehen, damit sich erfüllte, was der Herr durch den
Propheten gesagt hat: 23 Siehe: Die Jungfrau wird emp-
fangen / und einen Sohn gebären / und sie werden ihm
den Namen Immanuel geben, / das heißt übersetzt:
Gott mit uns. 24 Als Josef erwachte, tat er, was der
Engel des Herrn ihm befohlen hatte, und nahm seine
Frau zu sich. 25 Er erkannte sie aber nicht, bis sie ihren
Sohn gebar. Und er gab ihm den Namen Jesus.

Also Spannungsbogen geht ja auch anders, würden wir heute vielleicht denken bezüglich der Geburt eines so wichtigen Kindes. Matthäus fällt dann auch gleich mit der Tür ins Haus und stellt zu Beginn fest, dass Maria jungfräulich schwanger geworden ist. Ihn interessiert nicht wirklich wie das passiert ist und er lässt es durch den mysteriösen Ausdruck „durch das Wirken des Heiligen Geistes“ offen. Matthäus scheint hier eine Tradition der Jungfrauengeburt zu kennen und aufzugreifen, ohne weiter auf sie einzugehen. Wenn er aber dieses Thema nicht weiter zu beachten scheint, was interessiert ihn dann? Was will er uns mitgeben?

Ich glaube, was ihn eher interessiert, ist die für beide Seiten, Maria wie Josef, sehr prekäre Lage, in die diese Schwangerschaft sie bringt. In der antiken Gesellschaft war es so, dass nach einer Verlobung samt Ehevertrag (hebr. *ketuba*) gut und gerne noch ein Jahr vergehen konnte, bis die Ehe vollzogen war. Die Frau lebte da auch meist weiterhin im Haus ihrer Eltern. Es ist vermutlich genau dieses Zwischenstadium, in dem die Schwangerschaft geschieht: Sie war noch nicht mit Josef zusammengekommen – also sexueller Art, kann aber schon als seine Frau bezeichnet werden. Alle rechtlichen Fragen waren mit der Verlobung geklärt und schon zu dem Zeitpunkt wäre man ohne Scheidebrief aus der Nummer so schnell nicht wieder herausgekommen – sie waren sich ganz fest versprochen, Mitgift etc. war wohl schon geregelt, alles wurde bereit gemacht für eine große Feier vielleicht. Und nun diese Schwangerschaft!

Uns hätte eher auch noch die Situation interessiert, wie Josef auf die Nachricht der Schwangerschaft Marias reagiert hat, aber darüber wird nichts erzählt. Nur, dass ihm klar wird: Maria hat ihn wohl betrogen. Wie sollte es auch anders sein? Nun könnte er Geschirr zerdeppern und ausflippen, doch Matthäus nennt Josef einen „Gerechten", der sich „im Stillen" von Maria trennen möchte. Er will also kein großes Aufheben machen, seine Frau schützen, sie nicht bloßstellen. Als „Gerechte" werden diejenigen bezeichnet, die die Weisung Gottes in der Tora zur Grundlage ihres Handelns machen, die in guten wie schlechten Zeiten das Wort Gottes befolgen. So ein Mann ist Josef – und ihm wird daher auch in einer Traumvision eine Erklärung geschenkt. Traumvisionen sind im Alten Testament häufig zu finden; von Jakobs Traum von der Himmelsleiter (Gen 28,10-22) bis zur Berufung von Propheten wie etwa Samuel (1 Sam 3) oder auch den Träumen und Traumdeutungen des Josef (Gen 37,5-11 und Gen 41) reichen die Belege. Gott spricht im seltsamen Zwischenzustand zwischen Wachen und Schlafen durch seinen Engel zu Josef, der ihn auch mit der Namensgebung beauftragt (im Lukasevangelium wird Maria beauftragt, wie wir noch sehen werden). Dass in den ersten Kapiteln des Matthäusevangeliums Träume und Visionen rund um Jesu Geburt geschehen (wir werden dies noch bei den Sterndeutern sehen und bei der Flucht nach Ägypten) zeigt, dass die Kindheit Jesu von Gott gelenkt wird. Außerdem wird Josef als „Sohn Davids" betitelt, was wieder an die Herkunftsherleitung der Ahnenliste erinnert. Trotz dieser mysteriös zustande gekommenen Schwangerschaft nimmt Josef das Kind an und wird der Ziehvater Jesu.

Besonders bei Matthäus ist, dass er versucht die Geburt Jesu als Erfüllung prophetischer Worte zu interpretieren. Wenn er etwa kommentiert „Dies alles ist geschehen, damit sich erfüllte, was der Herr durch den Propheten gesagt hat" (Mt 1,22), dann wird klar, dass er auf unseren Freund Jesaja zurückgreift, der dies einst als göttliches Zeichen geweissagt hatte. Bemerkenswert ist daran aber, dass Matthäus das Prophetenwort etwas umformuliert und nicht sagt, dass man ihm den Namen Immanuel geben, sondern, dass man ihn Immanuel *nennen* wird – er will ja schließlich nicht, dass zwei Namen für den Messias miteinander konkurrieren. Sonst könnte man sich zurecht fragen, warum das Kind „Jesus" und nicht „Immanuel" heißt.

Als Gerechter respektiert Josef also die Schwangerschaft Marias und erfüllt den Auftrag des Engels. Als „Traum-Mann" wird er hier ganz als Herzenshörer des Gotteswortes beschrieben – und das, obwohl gerade zu dieser Zeit Träume und Traumdeutung auch kritisch beäugt wurden. Wenn etwa schon weit vor der Abfassung des Matthäusevangeliums im Buch Jesus Sirach festgehalten wird: „Ein unverständiger Mann hat leere und trügerische Hoffnungen und Träume beflügeln Narren" (Sir 34,1) –

so zeigt dies, dass man diese Traumsequenzen auch als Wahrsageschabernack verstehen könnte. Dass Matthäus die Erzählung trotzdem mit diesem Motiv des Traumes beschreibt, verdeutlicht, dass mit der Geburt des Messias auch eine Zeit der Träume, eine Heilszeit anbricht. Oder wie es der Prophet Joel ausdrückt: „Danach aber wird Folgendes geschehen: Ich werde meinen Geist ausgießen über alles Fleisch. Eure Söhne und Töchter werden Propheten sein, eure Alten werden Träume haben und eure jungen Männer haben Visionen" (Joel 3,1). Das Setting der Geburt ist das Setting der Heilszeit. Die Geburt Jesu wird ansonsten nicht weiter beschrieben und wir erleben in der nächsten Szene einen interessanten Ortswechsel und „Kameraschwenk" …

11. Besuch an der Krippe: Die Anbetung der Sterndeuter (Mt 2,1-12)

> 1 Als Jesus zur Zeit des Königs Herodes in Betlehem in
> Judäa geboren worden war, siehe, da kamen Sterndeuter
> aus dem Osten nach Jerusalem 2 und fragten: Wo ist der
> neugeborene König der Juden? Wir haben seinen Stern
> aufgehen sehen und sind gekommen, um ihm zu hul-
> digen. 3 Als König Herodes das hörte, erschrak er und
> mit ihm ganz Jerusalem. 4 Er ließ alle Hohepriester und
> Schriftgelehrten des Volkes zusammenkommen und
> erkundigte sich bei ihnen, wo der Christus geboren
> werden solle. 5 Sie antworteten ihm: in Betlehem in
> Judäa; denn so steht es geschrieben bei dem Propheten:
> 6 Du, Betlehem im Gebiet von Juda, / bist keineswegs
> die unbedeutendste / unter den führenden Städten von
> Juda; / denn aus dir wird ein Fürst hervorgehen, / der

> Hirt meines Volkes Israel. 7 Danach rief Herodes die
> Sterndeuter heimlich zu sich und ließ sich von ihnen
> genau sagen, wann der Stern erschienen war. 8 Dann
> schickte er sie nach Betlehem und sagte: Geht und
> forscht sorgfältig nach dem Kind; und wenn ihr es ge-
> funden habt, berichtet mir, damit auch ich hingehe und
> ihm huldige! 9 Nach diesen Worten des Königs mach-
> ten sie sich auf den Weg. Und siehe, der Stern, den sie
> hatten aufgehen sehen, zog vor ihnen her bis zu dem
> Ort, wo das Kind war; dort blieb er stehen. 10 Als sie den
> Stern sahen, wurden sie von sehr großer Freude erfüllt.
> 11 Sie gingen in das Haus und sahen das Kind und Maria,
> seine Mutter; da fielen sie nieder und huldigten ihm.
> Dann holten sie ihre Schätze hervor und brachten ihm
> Gold, Weihrauch und Myrrhe als Gaben dar. 12 Weil
> ihnen aber im Traum geboten wurde, nicht zu Herodes
> zurückzukehren, zogen sie auf einem anderen Weg
> heim in ihr Land.

Wenn Matthäus die Handlung „zur Zeit des Königs Herodes“ spielen lässt, liegt bei ihm der Fokus ganz auf Judäa (bei Lukas sehen wir mit der Nennung des römischen Kaisers eine größere und globale Erzählabsicht). In Judäa sind es zwei Orte, die ihn interessieren: Jerusalem, wo Herodes lebt, und Betlehem, wo die Geburt Jesu stattfand. Diese beiden Städte werden zueinander in Beziehung gesetzt, haben aber einen ganz eigenen Touch für Matthäus. Denn Jerusalem ist der Ort, wo zwar der Tempel Gottes steht, doch herrscht dort ein König, der so gar nicht das im Sinn zu haben scheint, was Gott will. Der Idumäer Herodes sieht einen „neuen König“ nur als Gefahr für seine Herrschaft an – zwar müsste er dem Messias Gottes den Weg bereiten, doch das glatte Gegenteil will er erreichen. Auf diese Weise kritisiert der Evangelist Matthäus, wie degeneriert das Königtum Israels geworden ist: Es hat nicht mehr den Willen Gottes im Sinn, sondern allein den eigenen Erhalt und Ruhm. Während also der jüdische König in Jerusalem weilt, kommen Weise, Sterndeuter, Magiere (im Griechischen: *magoi*) in der Stadt an. Die Erzählung, die durch keine andere Quelle belegbar ist und auch keinen historischen Kern vorweisen kann, beschreibt diese Gruppe – nicht einmal deren genaue Personenzahl kennen wir. Es sind vermutlich persische Sternkundler, die in jedem Fall nichtjüdischer Herkunft sind, denn sie sprechen vom „König der Juden", den sie suchen. Heidnische Sternkundler also auf der Suche nach dem Messias – nun, es scheint so, als wollte Matthäus damit zum Ausdruck bringen, dass das durch den Messias Jesus gestiftete Heil so groß und allumfassend ist, dass es nicht nur für Israel gilt, sondern auch die anderen Völker ihr Heil beim „König der Juden" finden können. Wir haben schon ein wenig über den Stern gesprochen (siehe oben Kapitel 7). Bei einigen antiken Denkern, etwa bei Platon in seinem Werk „Timaios", findet sich die Vorstellung, dass jeder Mensch einen persönlichen Stern habe. Unsere Weisen verbinden ein Himmelsereignis mit einem solchen personal zuordbaren „Stern des Messias" und sind damit der im Alten Testament erwähnten Figur des Bileam ähnlich, der in Jakob einen Stern aufgehen sah (Num 24,17).

Als nun diese Sterndeuter aus dem Ausland nach Jerusalem kommen und sich nach dem besonderen Ereignis erkundigen, das eine Königsgeburt verheißt, erschreckt nicht nur der König, sondern mit ihm die ganze Stadt. Damit kommt zum Ausdruck, dass ganz Jerusalem eigentlich nicht wirklich bereit ist für die Ankunft des Messias und sich überrumpelt fühlt. Dabei wäre es historisch betrachtet wohl eher so gewesen, dass vielleicht der König erschrickt, aber das Volk sich freut, weil Herodes in Judäa extrem unbeliebt war und als grausamer Herrscher galt. Bei einem Treffen mit den Sterndeutern gibt der König scheinheilig vor, dem Messias auch huldigen zu wollen. Die Hohepriester am Hof geben den entscheidenden Hinweis: Dass nämlich der davidische Hirtenkönig nach dem Zitat aus dem Propheten Micha in Betlehem geboren werden soll. Die Sterndeuter, vom König als Kundschafter instrumentalisiert, wandern nun dem Stern „hinterher" – er geht ihnen voraus in die Davidstadt Betlehem. Ihre Freude bei der Ankunft dort steht dem Erschrecken des Herodes als harter Kontrast gegenüber.

Die dann folgende Szene ist als „Anbetung der Könige" in der Kunstgeschichte vielfach dargestellt worden. Doch warum Könige? Hier verschmelzen wieder Traditionen und so deutete man schnell den folgenden Psalmvers auf diese Stelle: „Die Könige von Tarschisch und von den Inseln bringen Gaben, mit Tribut nahen die Könige von Scheba und Saba. Alle Könige werfen sich vor ihm nieder, es dienen ihm alle Völker." (Ps 72,10-11) Man sah die ganze Welt (daher die unterschiedlichen Hautfarben der Könige, die für die damals bekannten Kontinente stehen) und ganze Menschheit (daher manchmal auch die drei Altersstufen) an der Krippe anbeten. Die Gaben wurden schnell gedeutet. So kann man etwa bei Hilarius von Portiers in seinem Kommentar zum Matthäusevangelium lesen, dass das Gold für das Königtum des Kindes stehe, der Weihrauch für die Göttlichkeit und die Myrrhe für das menschliche Vergehen (sie wurde als Heilpflanze verwendet und Salböl wurde aus ihr hergestellt – auch für die Totensalbung). Aus der Dreizahl der Gaben wurde auf drei Sterndeuter geschlossen – und so entstanden die „Heiligen drei Könige". Theologisch deuten die Gaben Gold und Weihrauch auch auf die Wallfahrt aller Völker auf den Zion hin (vgl. Jes 60,6). Doch Jerusalem spielt als Königsstadt im Kontrast zur Messiasstadt Betlehem eine eher negative Rolle. Hier deutet sich schon an, dass auch die Passion des Messias in dieser Stadt spielen wird – und historisch lag Jerusalem zur Abfassungszeit des Matthäusevangeliums (um 80 n.Chr.) bereits in Trümmern und der Tempel war von den Römern zerstört worden. Diese Zerstörung war für das Judentum ein enormer Einschnitt und ein Trauma, das sich nach der Zerstörung des salomonischen Tempels durch die Babylonier 586 v.Chr. nun im Jahr 70 n.Chr. durch die Römer wiederholte. Das Zentrum des Glaubens war also zerstört und so fragten sich Juden wie frühe Christen: Was bedeutet das? Matthäus reflektiert diese Frage in seinem Evangelium nun so, dass das Volk von Jerusalem für seine Haltung gegenüber dem Messias eine Strafe erhalten habe: Das eigene Volk hat seinen Messias nicht erkannt. So wird für Matthäus das Bild, das Jesaja mit einer Völkerwallfahrt auf den Zion erschaffen hatte, nicht mehr so verstanden, dass alle Völker zum Tempel pilgern. Es ist nun eher so, dass diese Wallfahrt nicht länger die Gemeinschaft am Tempel zum Ausdruck bringt, sondern die Gemeinschaft mit dem Messias – dem „Gott-mit-uns". Anders gesagt: Der neue Tempel ist der Messias und kein Gebäude aus Stein. Jerusalem ist nun nicht mehr der einzige Ort der Anbetung – denn Anbetung Gottes ist jetzt prinzipiell überall möglich! Die Könige scheinen durch die Begegnung mit dem Kind auch nicht mehr den Drang zu verspüren nach Jerusalem zurückzukehren, weil diese Erfahrung für sie nicht zu toppen ist durch einen Besuch im Tempel. Sie kehren auf einem anderen Weg in ihre Heimat zurück und Herodes muss selbst aktiv werden …

12. Wo Licht ist, ist Schatten: Von Kindermord und Fluchterfahrungen (Mt 2,13-23)

13 Als die Sterndeuter wieder gegangen waren, siehe,
da erschien dem Josef im Traum ein Engel des Herrn
und sagte: Steh auf, nimm das Kind und seine Mutter
und flieh nach Ägypten; dort bleibe, bis ich dir etwas
anderes auftrage; denn Herodes wird das Kind suchen,
um es zu töten. 14 Da stand Josef auf und floh in der
Nacht mit dem Kind und dessen Mutter nach Ägypten.
15 Dort blieb er bis zum Tod des Herodes. Denn es sollte
sich erfüllen, was der Herr durch den Propheten gesagt
hat: Aus Ägypten habe ich meinen Sohn gerufen.

16 Als Herodes merkte, dass ihn die Sterndeuter ge-
täuscht hatten, wurde er sehr zornig und er sandte aus
und ließ in Betlehem und der ganzen Umgebung alle
Knaben bis zum Alter von zwei Jahren töten, genau der
Zeit entsprechend, die er von den Sterndeutern erfah-
ren hatte. 17 Damals erfüllte sich, was durch den Pro-
pheten Jeremia gesagt worden ist: 18 Ein Geschrei war
in Rama zu hören, / lautes Weinen und Klagen: /
Rahel weinte um ihre Kinder / und wollte sich nicht
trösten lassen, / denn sie waren nicht mehr.

19 Als Herodes gestorben war, siehe, da erschien dem
Josef in Ägypten ein Engel des Herrn im Traum 20 und
sagte: Steh auf, nimm das Kind und seine Mutter und
zieh in das Land Israel; denn die Leute, die dem Kind
nach dem Leben getrachtet haben, sind tot. 21 Da stand
er auf und zog mit dem Kind und dessen Mutter in das
Land Israel. 22 Als er aber hörte, dass in Judäa Archelaus

anstelle seines Vaters Herodes regierte, fürchtete er sich, dorthin zu gehen. Und weil er im Traum einen Befehl erhalten hatte, zog er in das Gebiet von Galiläa
23 und ließ sich in einer Stadt namens Nazaret nieder. Denn es sollte sich erfüllen, was durch die Propheten gesagt worden ist: Er wird Nazoräer genannt werden.

Diese Erzählung bietet zwei Pointen. Die erste: Während der neugeborene Messiaskönig einmal zum Friedensfürsten werden soll, zeigt sich der alte reale König als grausam und mordend. Wie schon beschrieben, war Herodes alles andere als erfreut über Konkurrenz um die Königskrone. Matthäus zeichnet ihn hier als Herrscher im Wahn, der einen allgemeinen Kindermord-Befehl ausgibt. Flavius Josephus schreibt in seinem Werk „Jüdische Altertümer", dass Herodes sogar seine eigenen Kinder erdrosseln ließ (vgl. Jos.Ant. 16,392-394). Auch wenn dieser Kindermord – zumal er nur hier erwähnt wird – eine legendarische Ausschmückung zu sein scheint, macht das doch deutlich, dass die Menschen diesem König so etwas durchaus zugetraut hätten. Einem rundum aufrichtigen König hätte Matthäus so etwas jedenfalls nicht einfach andichten können.

Dieser Kindermord wirft die schwierige Frage auf, warum der Messias überlebt, während die anderen Kinder sterben müssen. Das ist in der Tat eine relevante Frage und nagt an der Gerechtigkeit Gottes. Das Zitat, dass Rachel um ihre Kinder weint, bezieht sich auf die Frau des Stammvaters Jakob, die in Betlehem begraben liegt. Sie gebar ihrem Mann Jakob, der später den Namen Israel erhielt, die Söhne Josef und Benjamin. Bei der Geburt Benjamins starb sie. Wenn sie nun um ihre Kinder weint, ist nicht die historische Rachel gemeint, sondern sie steht im übertragenden Sinne für jede weinende jüdische Mutter. Hilarius von Portiers deutet sie auch als Bild für die Kirche, die um ihre Märtyrer weint. Dies ist hier sicher nicht gemeint, sondern dieser Kindermord spannt dann eher noch einen Bogen zur Passion. Denn in Mt 27,25 finden wir die Stelle, wo die Juden bei der Verurteilung Jesu rufen: „Sein Blut komme über uns und unsere Kinder." Matthäus will vermutlich zum Ausdruck bringen, dass das, was in Betlehem durch die Hand des Herodes passiert, ein Vorzeichen dessen ist, was im Jahr 70 n.Chr. geschieht, wenn die Römer die Stadt erobern und den Tempel zerstören. Auch an diesem Tag werden viele Frauen um ihre Kinder, wird Rachel um ihre Kinder weinen. Für Matthäus war dieses historische Ereignis der Tempelzerstörung so gravierend, dass er es hier quasi „vorhersagt", obwohl es zur Abfassungszeit bereits geschehen ist. Dieses Kindermord-Motiv spricht und rührt uns über jegliche historische Deutung hinaus auch persönlich an. Das ist das Spannende an der Bibel, wie die Bilder sich immer auch im Heute aktualisieren – die schönen wie die grausamen.

Die zweite Pointe: Der Messias ist vom ersten Moment seines Daseins gefährdet und erlebt seinen persönlichen „Exodus". Es scheint so, als würde sich Heilsgeschichte hier im Schnelldurchlauf am kleinen Jesus wiederholen. Die vielen Erfüllungszitate in dieser Passage deuten darauf hin, dass man die Parallelisierung zwischen dem Volk Israel und seinem Messias verstehen soll. Kontrastfolie ist Ex 2, wo beschrieben wird, wie Mose als kleines Kind auch schon gefährdet war, weil dem Pharao verkündet wurde, dass ein Israelit geboren wird, der die Herrschaft Ägyptens anfragen wird[9]. Moses entgeht einem Todesschicksal (Ex 2,1-10) und Jesus ebenso. Die Parallelen sind sogar noch größer: auch der Pharao hat wie Herodes einen Kindermord-Befehl gegeben (Ex 1,15-16; Jos.Ant.2,206: „Durch diesen Spruch wurde der König

(=Pharao; R.M.) erschreckt, und er befahl, alle israelitischen Knaben gleich nach der Geburt in den Fluss zu werfen und zu töten."[10]) und auch Amaram, dem Vater von Moses, wird, so beschreibt es Flavius Josephus, wie dem Josef im Traum verheißen, dass sein Sohn verschont wird (Jos.Ant.2,212-216). Moses' Flucht aus Ägypten nach Midian (Ex 2,15 und Rückkehr Ex 4,19-20) stellt dann auch eine Parallele zu Jesus dar. Der Unterschied hier ist nur: die Familie Jesu flieht nach Ägypten und kehrt dann wieder zurück nach Judäa. Hier vollzieht sich am Messias also eine Wiederholung des Auszugs der Israeliten aus Ägypten. Den Leser:innen soll deutlich werden: Dieser Messias ist wahrer Jude – selbst die Exoduserfahrung seines Volkes hat er am eigenen Leib erfahren. Später wird er auch seine „Wüstenzeit" erleben und im Gegensatz zum Volk Israel, das in der Wüste an Gott zweifelte, seinen Glauben bezeugen und sich nicht vom Bösen in Versuchung führen lassen. Das Erfüllungszitat „Aus Ägypten habe ich meinen Sohn gerufen" ist Hos 11,1 entlehnt. Dort war es noch auf das ganze Volk hin gemeint gewesen, hier nun nur auf Jesus, was ihn aber umso mehr mit dem Volk Israel verbindet.

So endet bei Matthäus die Kindheitserzählung mit der Beheimatung des Messias im Alltag Nazarets. Nach den Gefährdungen durch Herodes, Anbetung durch die Völker und Exoduserfahrung wird deutlich: Dieser Messias ist voll und ganz Jude. Gott wird hier nicht nur Mensch – er wird in erster Linie Jude. Dass dieses Ereignis aber etwas ist, das nicht exklusiv nur dem erwählten Volk Israel zugutekommt, sondern sich weitet auf alle Völker hin, – dieses Anliegen wird bei Matthäus sehr deutlich. Er hat diese globale Perspektive im Blick, wenngleich Jesus in seinem Evangelium auch ganz jüdischer Rabbi bleibt und als Erfüller der Tora neue Akzente im Judentum setzt.

LUKAS: EIN HEILIGES KIND UND EIN UNVERGLEICHLICHER VERGLEICH

Wie schon angekündigt (siehe Kapitel 8), entwickelt Lukas eine gänzlich andere Weihnachtsgeschichte als Matthäus dies tut. Die folgenden Kapitel gehen nicht nur die Weihnachtsgeschichte am Text durch, sondern sie werfen auch einen Blick auf die sonstigen Texte der sogenannten „Kindheitserzählungen" die man in den ersten beiden Kapiteln des Lukasevangeliums findet. Machen wir uns also bereit, die Weihnachtsgeschichte aus dieser Feder und unter diesen anderen Grundvoraussetzungen neu zu beleuchten!

13. Das Triptychon I: Johannes und Jesus – Engelreiche Geburtsankündigungen (Lk 1,1-38)

Der unbekannte Verfasser des Evangeliums, dem die Tradition den Namen „Lukas" gab, welcher als Begleiter des Paulus und als Arzt galt, stellt eine besondere Kindheitserzählung vor. Da Lukas auch als Maler der Tradition nach ein authentisches Bild von Maria gemalt haben soll, könnte man auch sagen: er malt in den ersten beiden Kapiteln seines Evangeliums ein Triptychon, einen Flügelaltar.

Auf der linken Klappseite: die Figur Johannes der Täufer. Dessen Geburtsverkündigung und Geburt malt Lukas ganz in der Farbpalette der Tradition des Alten Testaments. Kernmessage: Johannes ist der letzte Prophet des alten Bundes. Auf der rechten Klappseite dieses Flügelaltars: Jesus. Dessen Geburtsankündigung und Geburt spiegeln die Ereignisse auf der anderen Seite, die sich bei Johannes dem Täufer ereignen. Und was steht in der Mitte? – Die Begegnung von Maria, der Mutter Jesu und Elisabet, ihrer Tante und der Mutter Johannes' des Täufers. Dazu später mehr!

Schauen wir also auf diesem lukanischen Altar zunächst auf die linke und rechte obere Ecke: die Verkündigungen der Geburt. Nach der extrem nüchternen Einleitung in das Evangelium (Verse 1-4), die Lukas an einen „Theophilus" richtet (es ist nicht ganz klar, ob es eine historische Persönlichkeit war oder der Name alle „Gottesfreunde" – so die griechische Übersetzung des Namens – meint), geht es sofort los mit einem „es war einmal". Nach einem formellen Anfang also gleich der stilistische Sprung in mythische Sprache, die uns hineinzieht in die Kindheitsgeschichte Jesu, die zur Leseanweisung für das ganze Evangelium wird:

1 Schon viele haben es unternommen, eine Erzählung
über die Ereignisse abzufassen, die sich unter uns er-
füllt haben. 2 Dabei hielten sie sich an die Überliefe-
rung derer, die von Anfang an Augenzeugen und Die-
ner des Wortes waren. 3 Nun habe auch ich mich
entschlossen, nachdem ich allem von Beginn an sorg-
fältig nachgegangen bin, es für dich, hochverehrter
Theophilus, der Reihe nach aufzuschreiben. 4 So
kannst du dich von der Zuverlässigkeit der Lehre über-
zeugen, in der du unterwiesen wurdest.

5 Es gab in den Tagen des Herodes, des Königs von Judäa,
einen Priester namens Zacharias, der zur Abteilung des
Abija gehörte. Seine Frau stammte aus dem Geschlecht
Aarons; ihr Name war Elisabet. 6 Beide lebten gerecht
vor Gott und wandelten untadelig nach allen Geboten
und Vorschriften des Herrn. 7 Sie hatten keine Kinder,
denn Elisabet war unfruchtbar und beide waren schon
in vorgerücktem Alter. 8 Es geschah aber, als seine Ab-
teilung wieder an der Reihe war und er den priesterli-
chen Dienst vor Gott verrichtete, 9 da traf ihn, wie nach
der Priesterordnung üblich, das Los, in den Tempel des
Herrn hineinzugehen und das Rauchopfer darzubrin-
gen. 10 Während er nun zur festgelegten Zeit das Rauch-
opfer darbrachte, stand das ganze Volk draußen und be-
tete. 11 Da erschien dem Zacharias ein Engel des Herrn;
er stand auf der rechten Seite des Rauchopferaltars. 12 Als
Zacharias ihn sah, erschrak er und es befiel ihn Furcht. 13
Der Engel aber sagte zu ihm: Fürchte dich nicht, Zacha-
rias! Dein Gebet ist erhört worden. Deine Frau Elisabet
wird dir einen Sohn gebären; dem sollst du den Namen

Johannes geben. 14 Du wirst dich freuen und jubeln und
viele werden sich über seine Geburt freuen. 15 Denn er
wird groß sein vor dem Herrn. Wein und berauschende
Getränke wird er nicht trinken und schon vom Mutter-
leib an wird er vom Heiligen Geist erfüllt sein. 16 Viele
Kinder Israels wird er zum Herrn, ihrem Gott, hinwen-
den. 17 Er wird ihm mit dem Geist und mit der Kraft des
Elija vorangehen, um die Herzen der Väter den Kindern
zuzuwenden und die Ungehorsamen zu gerechter Ge-
sinnung zu führen und so das Volk für den Herrn bereit
zu machen. 18 Zacharias sagte zu dem Engel: Woran soll
ich das erkennen? Denn ich bin ein alter Mann und auch
meine Frau ist in vorgerücktem Alter. 19 Der Engel erwi-
derte ihm: Ich bin Gabriel, der vor Gott steht, und ich bin
gesandt worden, um mit dir zu reden und dir diese frohe
Botschaft zu bringen. 20 Und siehe, du sollst stumm sein
und nicht mehr reden können bis zu dem Tag, an dem
dies geschieht, weil du meinen Worten nicht geglaubt
hast, die in Erfüllung gehen, wenn die Zeit dafür da ist.
21 Inzwischen wartete das Volk auf Zacharias und wun-
derte sich, dass er so lange im Tempel blieb. 22 Als er
dann herauskam, konnte er nicht mit ihnen sprechen.
Da merkten sie, dass er im Tempel eine Erscheinung ge-
habt hatte. Er gab ihnen nur Zeichen und blieb stumm.
23 Als die Tage seines Dienstes zu Ende waren, kehrte er
nach Hause zurück. 24 Bald darauf wurde seine Frau Eli-
sabet schwanger und lebte fünf Monate lang zurückge-
zogen. Sie sagte: 25 Der Herr hat mir geholfen; er hat in
diesen Tagen gnädig auf mich geschaut und mich von der
Schmach befreit, mit der ich unter den Menschen bela-
den war.

Was haben wir zu Beginn dieses Evangeliums? In erster Linie: alte Menschen – einen Priester, der im Tempel seinen Dienst verrichtet, der mit einer Priestertochter kinderlos geblieben ist. Kinder waren in der Antike ja das große Segensmotiv. So ist es besonders schwerwiegend, wenn so eine hochrangige Verbindung kinderlos bleibt.

Die Kinderlosigkeit ist aber auch ein häufiges Beispiel, an dem sich die Macht Gottes zeigt (große Frauen der Bibel wie Sara, die Frau Abrahams, Rebekka, die Frau Isaaks, Rachel, die Frau Jakobs und die Prophetenmutter Hanna waren zunächst kinderlos gewesen, bis Gott eingriff). Es ist also keine Strafe, sondern an Zacharias (der Name bedeutet „Gott ist eingedenk") und Elisabet (bedeutet „Gott hat geschworen") soll ein Wunder geschehen. Die Namen scheinen Programm zu sein!

Die Zeitangabe „in den Tagen des Herodes" ist einerseits vage (Herodes regierte von 37-4 v.Chr.) und andererseits im Vergleich zum späteren Hinweis bei der Geburt Jesu „es begab sich zur Zeit des Kaisers Augustus" auch etwas eng. Wir sind hier ganz im Judentum: von den Personen, von den Zeitangaben, vom Setting des Tempels. Lukas will zeigen: Hier knüpfe ich direkt und ganz unmittelbar an das Alte Testament an!

Daher geschieht die Verkündigung an einem heiligen Ort (Tempel) bei einem heiligen Ritual (wohl dem zweimal am Tag dargebrachten Dankopfer im Tempel am Morgen oder frühen Nachmittag). Der Engel ist natürlich nicht der niedliche Putto in den barocken Kirchen, sondern immer eine Erscheinung, die die Menschen mit Angst erfüllt. Engel sind gewaltige Boten Gottes, man könnte auch sagen: personale Manifestationen Gottes. Die Botschaft ist daher auch ein Gotteswort, das Zweifel nicht duldet. Als Zacharias wie die Israeliten in der Wüste beim Auszug aus Ägypten und auf dem Weg ins gelobte Land ein Zeichen einfordert, wird er mit Stummheit gestraft. Er kann sich nicht mehr verständigen und – was für die Leute in der erzählten Situation ja das wichtigste wäre: den Kult nicht mehr vollziehen und das Volk segnen. Gabriel (= Gott ist mächtig) straft ihn damit und so kann Zacharias nach seinem Dienst nur noch nach Hause gehen. Dort verkehrt er mit seiner Frau Elisabet und sie wird trotz ihres hohen Alters schwanger.

Diese Geschichte ist also durch und durch alttestamentlichen Erzählungen von göttlichem Kindersegen für unfruchtbare Paare nachempfunden (vgl. Gen 18 bei Abraham und Sara; Ri 13 bei den Eltern Simsons oder 1 Sam 1 bei Hanna und Elkana, den Eltern des Propheten Samuel). Nun aber folgt ein Szenenwechsel auf die andere Seite des „Triptychons", die Jesus-Seite:

> 26 Im sechsten Monat wurde der Engel Gabriel von
> Gott in eine Stadt in Galiläa namens Nazaret 27 zu
> einer Jungfrau gesandt. Sie war mit einem Mann na-
> mens Josef verlobt, der aus dem Haus David stammte.
> Der Name der Jungfrau war Maria. 28 Der Engel trat bei
> ihr ein und sagte: Sei gegrüßt, du Begnadete, der Herr
> ist mit dir. 29 Sie erschrak über die Anrede und über-
> legte, was dieser Gruß zu bedeuten habe. 30 Da sagte
> der Engel zu ihr: Fürchte dich nicht, Maria; denn du
> hast bei Gott Gnade gefunden. 31 Siehe, du wirst
> schwanger werden und einen Sohn wirst du gebären;
> dem sollst du den Namen Jesus geben. 32 Er wird groß

> sein und Sohn des Höchsten genannt werden. Gott,
> der Herr, wird ihm den Thron seines Vaters David
> geben. 33 Er wird über das Haus Jakob in Ewigkeit herr-
> schen und seine Herrschaft wird kein Ende haben. 34
> Maria sagte zu dem Engel: Wie soll das geschehen, da
> ich keinen Mann erkenne? 35 Der Engel antwortete ihr:
> Heiliger Geist wird über dich kommen und Kraft des
> Höchsten wird dich überschatten. Deshalb wird auch
> das Kind heilig und Sohn Gottes genannt werden. 36
> Siehe, auch Elisabet, deine Verwandte, hat noch in
> ihrem Alter einen Sohn empfangen; obwohl sie als un-
> fruchtbar gilt, ist sie schon im sechsten Monat. 37
> Denn für Gott ist nichts unmöglich. 38 Da sagte Maria:
> Siehe, ich bin die Magd des Herrn; mir geschehe, wie
> du es gesagt hast. Danach verließ sie der Engel.

Diese Bibelstelle ist sehr bekannt und wurde auch vielfach in der Kunstgeschichte interpretiert. Im Zentrum steht hier die Ankündigung der Geburt Jesu und dessen Namensgebung. Schon in der Antike galt ja „Nomen est omen", so dass der Name „Jesus" (= Gott rettet) Programm ist. Es geht um nichts weniger als um alles! Normalerweise sind Geburtsverheißungen eher Herkunftsgeschichten (das Fachwort hier lautet: Ätiologien, also Geschichten, aus denen man einen bestimmten Sachverhalt ableitete; z.B. die Rivalität Israels gegen Edom durch die Erzählung des Widerstreits der Zwillinge Jakob – später: Israel – und Esau im Mutterleib; siehe die Geschichte in Gen 25,23). Hier aber geht es nicht um irgendeine alte Tradition, die an etwas anderes anknüpft. Hier geht es um den Beginn von etwas ganz Neuem.

Wir haben im Vergleich zur Erzählung von Zacharias und Elisabet nun das junge Mädchen Maria, die noch gar keinen Kinderwunsch gehegt zu haben scheint – zumindest kein Kind aktiv erfleht hätte. Sie hat einfach „Gnade gefunden", wie es heißt. Sie ist von Gott ausersehen worden, die Messias-Mutter zu werden. Die Szene wirkt surreal: im heidnisch geprägten Galiläa – also wirklich fernab des Tempels – in einem normalen Wohnhaus, kommt der Engel Gottes zu einem Mädchen. Der höchste Engel Gottes, der immer dort auftaucht, wenn es um das Große und Ganze geht (vgl. z.B. Dan 8-9), steht einer völlig unbedeutenden jungen Frau gegenüber.

Der Gruß ist ziemlich lässig: im Griechischen steht dort *„chaire!"*, was so viel wie „Freu dich!" heißt. Das war der ganz normale Gruß – auch auf der Straße; also in etwa vergleichbar mit einem „Hi!" heute. „Freu dich, Maria" erinnert auch an den Vers „Freu dich, Tochter Zion" (Zef 3,14). Maria wird hier schon latent in eine Linie zum Volk Israel an sich gesetzt. Wenn der Engel dann auch noch „der Herr ist mit dir" sagt, klingt das Motiv an, dass der Messias auch der „Immanuel" ist, der aus Jesaja schon bekannte „Gott-mit-uns".

Maria wird als Jungfrau vorgestellt. Zwar ist sie ein vermutlich heiratsfähiges Mädchen im Alter von 12-14 Jahren, doch scheint sie bereits durch einen Ehevertrag an Josef gebunden zu sein. Ein Jahr nach Abschließen des Ehevertrags wurde die Ehe dann erst vollzogen – in dieser „Zwischenphase" scheint der Engel an sie heranzutreten. Da wir uns später die Jungfrauenfrage noch näher ansehen wollen, nur so viel: Das Wunder, dass eine alte Frau schwanger wird, wird durch die Empfängnis einer Jungfrau noch gesteigert. Das zeigt klar: Johannes der Täufer wurde wundersam empfangen und ist besonders, aber Jesus überragt ihn doch um Längen.

Der größte Unterschied zwischen Zacharias und Maria in den Verkündigungserzählungen ist jedoch: Maria glaubt ohne im Herzen zu zweifeln, so wie es auch Abraham tat und seinen Sohn Isaak zum Opfer band (vgl. Gen 22). Sie ist es, die souverän ihr „Ja" zu Gott spricht. Dass Maria zwar in die David-Abstammungslinie über Josef eingeheiratet hat, das Kind aber nicht von ihm ist, ist ein spannender Umstand: Das zeigt, dass die Messianität Jesu nicht durch menschliche Ehren- oder Adelslinien abgeleitet wird, sondern nur von Gott herkommt.

Heiliger Geist kommt also über Maria – ich gestehe, ich stelle es mir immer ein wenig so vor, wie der goldene Regen, der auf Danae, die Mutter des griechischen Helden Perseus, herabkam und in dem Zeus gegenwärtig war (vgl. Abb. 3). Vielleicht haben sich das auch die Leser:innen des Lukasevangeliums so vorgestellt. An der Marienkapelle in Würzburg sieht man eine Verkündigungsdarstellung, in der vom Himmel eine Rutsche in Marias Ohr führt, auf der ein kleiner Jesus quasi durch das Wort des Engels in den Kopf Mariens „reinrutscht". Der Phantasie scheinen bei der Frage keine Grenzen gesetzt zu sein.

Ziel dieser Erzählung im großen Triptychon-Bild des Lukas ist es erstens, Jesus in Kontinuität zu alttestamentlichen Verheißungen zu beschreiben, als endzeitlichen Davidssohn und zweitens ihn als viel größer und bedeutender wirken zu lassen als Johannes den Täufer, der ja damals auch eine nicht kleine Schar von Anhängerinnen und Anhängern hatte.

Abbildung 3: Danaë empfängt den Goldregen (Detail aus einem rotfigurigen Glockenkrater aus Böotien, um 450 v. Chr., Louvre in Paris)[11]

14. Das Triptychon II: Johannes und Jesus – Begegnung im Mutterleib (Lk 1,39-80)

Falls sie auf einer Reise ins Heilige Land einmal auf den Spuren der Kindheitserzählungen wandeln wollen, habe ich einen Tipp für Sie: Fahren Sie in das ganz nahe von Jerusalem gelegene Örtchen En-Kerem. Der Legende nach soll hier der Ort gewesen sein, an dem die nächste biblische Szene spielt. Es ist ein Ort – wie sollte es auch anders sein – mit einer kleinen Vorgeschichte: En-Kerem wird traditionell mit dem Ort Baala gleichgesetzt, wo die Bundeslade lagerte (vgl. 2 Sam 6,2), welche die von Moses am Berg Horeb im Sinai empfangenen Gesetzestafeln mit den Geboten Gottes enthielt. Die Lade war das Hauptheiligtum des Volkes Israel, das bis zur ersten Zerstörung des Tempels durch die Babylonier in Jerusalem ihren letzten Aufbewahrungsort fand und danach verschollen war. Die Parallelführung ist eindeutig: Maria, die neue Lade mit heilbringendem Inhalt, trifft an dem Ort, der mit der verschollenen Bundeslade konnotiert wird, auf ihre Tante Elisabet:

> 39 In diesen Tagen machte sich Maria auf den Weg und
> eilte in eine Stadt im Bergland von Judäa. 40 Sie ging
> in das Haus des Zacharias und begrüßte Elisabet. 41
> Und es geschah, als Elisabet den Gruß Marias hörte,
> hüpfte das Kind in ihrem Leib. Da wurde Elisabet vom
> Heiligen Geist erfüllt 42 und rief mit lauter Stimme:
> Gesegnet bist du unter den Frauen und gesegnet ist die
> Frucht deines Leibes. 43 Wer bin ich, dass die Mutter
> meines Herrn zu mir kommt? 44 Denn siehe, in dem
> Augenblick, als ich deinen Gruß hörte, hüpfte das
> Kind vor Freude in meinem Leib. 45 Und selig, die ge-
> glaubt hat, dass sich erfüllt, was der Herr ihr sagen ließ.
> 46 Da sagte Maria: Meine Seele preist die Größe des
> Herrn / 47 und mein Geist jubelt über Gott, meinen
> Retter. 48 Denn auf die Niedrigkeit seiner Magd hat er
> geschaut. / Siehe, von nun an preisen mich selig alle
> Geschlechter. 49 Denn der Mächtige hat Großes an mir
> getan / und sein Name ist heilig. 50 Er erbarmt sich
> von Geschlecht zu Geschlecht / über alle, die ihn
> fürchten. 51 Er vollbringt mit seinem Arm machtvolle
> Taten: / Er zerstreut, die im Herzen voll Hochmut
> sind; 52 er stürzt die Mächtigen vom Thron / und er-
> höht die Niedrigen. 53 Die Hungernden beschenkt er

mit seinen Gaben / und lässt die Reichen leer ausgehen. 54 Er nimmt sich seines Knechtes Israel an / und denkt an sein Erbarmen, 55 das er unsern Vätern verheißen hat, / Abraham und seinen Nachkommen auf ewig. 56 Und Maria blieb etwa drei Monate bei ihr; dann kehrte sie nach Hause zurück.

In unserem Lukas-Altar-Triptychon sind wir nun beim Bild in der Mitte angelangt, bei der Szene, die alles zusammenhält. Erstaunlicherweise ist dies nicht die Geburt Jesu, sondern diese Begegnung zwischen Maria und Elisabet. Es gibt seltsamerweise nicht allzu viele Bilder, die dieses Ereignis in Szene setzen. In der Kirche, wo ja alles gefeiert wird, was gefeiert werden kann, hat diese Begegnung sogar einen eigenen Gedenktag: am 2. Juli ist der Gedenktag „Maria Heimsuchung".

Abbildung 4: Maria und Elisabet, Wandbild aus der Timios Stavros-Kirche in Pelendi, Zypern (14. Jh.)[12]

Über diesen Text könnte man abermals enorm viel sagen, weil er einfach so voller Anspielungen und Verweise ins Alte Testament steckt, dass man kaum hinterherkommt. Daher nur die wichtigsten Beobachtungen dazu:

In dem Bild, das der Text vor unseren Augen erzeugt, ist der Moment eingefangen, in dem sich zwei Frauen begegnen: die eine alt, die andere jung. Beide tragen Kinder unter ihrem Herzen: die eine den letzten Propheten des Alten Testaments, möchte man interpretieren, die andere den ersten und einzigen Propheten des Neuen Testaments; die eine den Vorläufer des Messias, die andere den Messias selbst. Der Vorläufer Johannes der Täufer nimmt seinen Dienst sogleich wahr und hüpft im Mutterleib. Das veranschaulicht schon die Funktion und die Hinordnung, die Johannes gegenüber Jesus erfüllt. Ähnlich wie die schon erwähnten Zwillinge Jakob und Esau im Schoß ihrer Mutter Rebekka (vgl. Gen 25,19-26) für zwei Völker stehen, stehen beide Kinder in der Szene bei Lukas auch für so viel mehr als nur zwei Menschen. Es sind zwei verschiedene Denkweisen: hier der Täufer, der Umkehr predigt, dort der Christus, der die Schuld der Welt ans Kreuz tragen wird.

Verzückt vom Geist Gottes preist Elisabet Maria mit den Worten, die wir aus dem „Ave Maria“ kennen: „gebenedeit (=gesegnet) bist du unter den Frauen und gebenedeit ist die Frucht deines Leibes“. Maria, ebenfalls vom Geist erfüllt, singt daraufhin einen Lobgesang, der wie ein Psalm aus dem Alten Testament wirkt: das Magnificat (Lk 1,46-55). Es ist eigentlich ein Lobgesang nicht nur auf Gott, sondern auch und vor allem auf das Kind in ihrem Bauch. Denn wenn sie von „Gott meinem Retter“ spricht, klingt hier der Name „Jesus“ (= Gott rettet) an. Der Kirchenvater

Hieronymus hat bei seiner Bibelübersetzung deshalb die Stelle sogar wiedergegeben mit: und mein Geist jubelt „in Gott meinem Jesus“ (in deo Iesu meo). Interessant ist, dass die gängigen Bibelübersetzungen eine wichtige Sache konsequent falsch wiedergeben mit dem Hinweis, dass es so ja eingeübt sei: sie nutzen die falsche Zeit! Es heißt im Griechischen nicht „er vollbringt (...) machtvolle Taten (...) zerstreut, die im Herzen voll Hochmut sind; er stürzt die Mächtigen vom Thron (...)“, sondern richtig müsste es lauten *„er hat* (...) machtvolle Taten vollbracht (...) *zerstreute*, die im Herzen voll Hochmut sind; er *stürzte* die Mächtigen vom Thron (...)“. Der Aspekt des Vergangenen ist im Text eigentlich nicht zu übersehen. Und was bedeutet das? Maria singt dieses Lied im wissenden Vertrauen darauf, dass dieses Kind in ihrem Leib, derjenige ist, der all das Beschriebene schon damals getan hat. Sie, die nicht nur den Messias, sondern auch ihren eigenen Schöpfer im Leib trägt, weiß: Gott hält seinem Volk die Treue und dafür ist das Kind zugleich Zeichen und Versprechen einer Erfüllung. Man könnte es auch so interpretieren, dass das, was an Maria passiert, an ihrem Volk geschieht: Die Treue Gottes wird offenbar und sichtbar im Messias. Nach diesem Treffen wird es bald ernst ...

> 57 Für Elisabet aber erfüllte sich die Zeit, dass sie gebä-
> ren sollte, und sie brachte einen Sohn zur Welt. 58 Ihre
> Nachbarn und Verwandten hörten, welch großes Er-
> barmen der Herr ihr erwiesen hatte, und freuten sich
> mit ihr. 59 Und es geschah: Am achten Tag kamen sie
> zur Beschneidung des Kindes und sie wollten ihm den
> Namen seines Vaters Zacharias geben. 60 Seine Mutter
> aber widersprach und sagte: Nein, sondern er soll Jo-
> hannes heißen. 61 Sie antworteten ihr: Es gibt doch

niemanden in deiner Verwandtschaft, der so heißt. 62
Da fragten sie seinen Vater durch Zeichen, welchen
Namen das Kind haben solle. 63 Er verlangte ein
Schreibtäfelchen und schrieb darauf: Johannes ist sein
Name. Und alle staunten. 64 Im gleichen Augenblick
konnte er Mund und Zunge wieder gebrauchen und er
redete und pries Gott. 65 Und alle ihre Nachbarn ge-
rieten in Furcht und man sprach von all diesen Dingen
im ganzen Bergland von Judäa. 66 Alle, die davon hör-
ten, nahmen es sich zu Herzen und sagten: Was wird
wohl aus diesem Kind werden? Denn die Hand des
Herrn war mit ihm. 67 Sein Vater Zacharias wurde
vom Heiligen Geist erfüllt und begann prophetisch zu
reden: 68 Gepriesen sei der Herr, der Gott Israels! /
Denn er hat sein Volk besucht und ihm Erlösung ge-
schaffen; 69 er hat uns einen starken Retter erweckt /
im Hause seines Knechtes David. 70 So hat er verhei-
ßen von alters her / durch den Mund seiner heiligen
Propheten. 71 Er hat uns errettet vor unseren Feinden
/ und aus der Hand aller, die uns hassen; 72 er hat das
Erbarmen mit den Vätern an uns vollendet / und an
seinen heiligen Bund gedacht, 73 an den Eid, den er un-
serm Vater Abraham geschworen hat; 74 er hat uns ge-
schenkt, dass wir, aus Feindeshand befreit, / ihm
furchtlos dienen 75 in Heiligkeit und Gerechtigkeit vor
seinem Angesicht all unsre Tage. 76 Und du, Kind,
wirst Prophet des Höchsten heißen; / denn du wirst
dem Herrn vorangehen und ihm den Weg bereiten. 77
Du wirst sein Volk mit der Erfahrung des Heils be-
schenken / in der Vergebung seiner Sünden. 78 Durch
die barmherzige Liebe unseres Gottes / wird uns be-

suchen das aufstrahlende Licht aus der Höhe, 79 um
allen zu leuchten, / die in Finsternis sitzen und im
Schatten des Todes, / und unsre Schritte zu lenken auf
den Weg des Friedens. 80 Das Kind wuchs heran und
wurde stark im Geist. Und es lebte in der Wüste bis zu
dem Tag, an dem es seinen Auftrag für Israel erhielt.

Einige Zeit nach der Begegnung mit Maria bekommt Elisabet ihren Sohn. Am achten Tag wird der Säugling der Tradition nach beschnitten (Gen 17,11f.; Lev 12,3) und ihm wird bei der Gelegenheit auch der Name gegeben. Alle schauen nun den noch immer verstummten Vater Zacharias an (nebenbei: was müssen das für schwierige neun Monate gewesen sein …), der den Namen bestätigt, den der Engel verheißen hatte. Mit der Namensgebung endet die engelgewirkte Strafe. Das stumme Gebet des Zacharias wurde erhört und es erschließt sogleich das Kind und sein Geheimnis (Johannes = Gott gewährt Huld / Gott ist gnädig). Das Wunder lässt das Volk Israel erahnen: die Heilszeit ist nahe! In diesem Geiste singt Zacharias gleich – ähnlich wie Maria zuvor mit dem Magnificat – sein großes Lied, das von Geistlichen und in Klöstern bis heute noch beim Morgengebet gesungen wird: das Benedictus (Lk 1,68-79). Das große Thema darin ist die Erlösung, der Loskauf aus der Knechtschaft. Im zweiten Teil spricht Zacharias seinen neugeborenen Sohn Johannes direkt an als „Propheten des Höchsten“. Er wird Wegbereiter Gottes sein – dies impliziert aber zugleich eine Wegbereitung Jesu. Der zweite Teil ist wie ein großes Glückwunschpaket zum Geburtstag: Heil, Vergebung der Sünden, aufstrahlendes Licht aus der Höhe wird uns besuchen … vom kleinen Mann werden große Taten erwartet.

Sie merken es selbst: es ist müßig nach Historizität zu fragen. Die Symbolik, die Konstruktion in unserem Lukas-Triptychon ist das Besondere hier. Wir sind wieder auf dem linken Johannes-Seitenflügel und die kurze Notiz des Aufwachsens des Kindes schließt dieses Bild auch erst einmal ab.

Johannes ist ganz auf die Jesus-Seite verwiesen. Der Verweis von Jesus auf Johannes den Täufer ist bis heute noch im Kirchenjahr ersichtlich: Die Sommersonnenwende ist rund um den Johannistag (23.6.), die Geburt Jesu an Weihnachten findet zur Wintersonnenwende statt. Das ist quasi im Jahresverlauf die Versinnbildlichung des Schriftwortes „Er muss wachsen, ich aber geringer werden." (Joh 3,30). Johannes sagt dies über Jesus und es wurde so ausgelegt, dass nach dem Johannestag im Juni die Sonne (auf der Nordhalbkugel) abnimmt, während nach Weihnachten, dem „Jesustag", die Sonne wieder stetig an Kraft gewinnt.

Nun endlich kommen wir zur „eigentlichen" Weihnachtsstelle. Aber diese Vorbereitung war notwendig, da nur so die gesamte lukanische Komposition annähernd in ihrer Schönheit gewürdigt werden kann. Schauen wir also nun auf die Weihnachtserzählung!

Musikbox: Geburtsverheißungen im Lukasevangelium

- Magnificat-Vertonungen gibt es quasi von jedem Komponisten, der etwas auf sich hielt. Eine (vielleicht etwas gewöhnungsbedürftige aber anregende) Vertonung ist etwa die von Matín Palmeri – mit Akkordeonklängen. Wer es etwas grooviger mag, dem empfehle ich die Version von Christoph Schönherr.

- Benedictus-Vertonungen sind da schon etwas seltener. Aber auch hier gibt es neben den gregorianischen Choralvertonungen auch andere Versionen – etwa die (ziemlich barocke Version) von Girolamo Abos.

15. Weihnachtspolitik: Die Geburt Jesu nach Lukas (Lk 2,1-21)

Jetzt kommen wir endlich zum Text der Texte: dem Evangelium, wie es an Weihnachten ja auch vorgelesen wird. Diesen Text haben sicher alle von uns schon mehrfach gelesen und gehört, so dass man leicht sagt „kenn ich schon". Heute wagen wir einen Blick Schritt für Schritt …

> 1 Es geschah aber in jenen Tagen, dass Kaiser Augustus
> den Befehl erließ, den ganzen Erdkreis in Steuerlisten
> einzutragen. 2 Diese Aufzeichnung war die erste; da-

mals war Quirinius Statthalter von Syrien. 3 Da ging
jeder in seine Stadt, um sich eintragen zu lassen. 4 So
zog auch Josef von der Stadt Nazaret in Galiläa hinauf
nach Judäa in die Stadt Davids, die Betlehem heißt;
denn er war aus dem Haus und Geschlecht Davids. 5
Er wollte sich eintragen lassen mit Maria, seiner Ver-
lobten, die ein Kind erwartete. 6 Es geschah, als sie
dort waren, da erfüllten sich die Tage, dass sie gebären
sollte, 7 und sie gebar ihren Sohn, den Erstgeborenen.
Sie wickelte ihn in Windeln und legte ihn in eine
Krippe, weil in der Herberge kein Platz für sie war.

Eigentlich, so merkt man sofort, ist die Geburt an sich fast schon eine nebensächliche Bemerkung bei all dem Tam-Tam im Vorfeld. Es kommt Lukas hier offensichtlich auf etwas anderes an als die Magie zu schildern, die einer Geburt per se innewohnt. Er will das Ereignis einordnen in die ganz große Politik der Welt und beginnt mit einem kaiserlichen Erlass zu einer Volkszählung. Im Gegensatz zur Geburt des Täufers, die quasi in einem liebevollen Rahmen von Freunden und Familie stattfindet, dafür aber ohne weltpolitische Brisanz ist, ist die Geburt Jesu „auf dem Weg" ärmlich und improvisiert, fernab der Geborgenheit und Vertrautheit des eigenen Umfelds angesetzt, dafür aber von weit größerer Relevanz!

Unter dem Friedenskaiser Augustus wird der Friedenskönig, der Messias geboren. Wir sehen eine bewusste Gegenüberstellung von Kaiser und Messias – man könnte ja schließlich auch auf den verwegenen Gedanken kommen, dass der Kaiser selbst der Messias sein könnte. Das ist eine kleine Spitze, die Lukas hier gegen die angeblich auch göttlich legitimierte Herrschermacht der römischen Caesaren setzt: Der wahre Friedensfürst sitzt für den Evangelisten nicht im Palast! Der genannte Zensus (s.o. Kapitel 7) ist ein etwas zweifelhafter historischer Hinweis, der deutlich macht, dass Palästina nicht mehr souverän war, sondern auf den Erlöser wartete. Es ist nicht das freie Land, in dem die judäischen und israelitischen Könige souverän von JHWHs Gnaden regiert hatten. Nein, es ist das Land, über das die Assyrer 722 v.Chr. eingefallen sind, das von den Babyloniern 586 v.Chr. in die Knechtschaft geführt wurde, das seitdem von hellenistischen Ignoranten wie den Seleukiden, den Nachfolgern Alexanders des Großen in Palästina, oder nun eben eroberungsverliebten Römern kontrolliert wird. Zwar gibt es noch einen König wie Herodes den Großen, doch schon bald wird auch dessen Erbe sich in Viertelsfürstentümer aufteilen. Zur Zeit der Abfassung der Erzählung ist die politische Situation noch komplizierter als zur Geburtsstunde Jesu. Und warum sollte man sich überhaupt zählen lassen? Natürlich um Steuern zu zahlen! So brachte der Erlass des „Friedenskaisers“ eher Unruhe und Unsicherheit und die Einführung des römischen Steuersystems war zugleich die Geburtsstunde des Widerstands gegen die Römer, die zum Teil auch blutig Opfer fordern sollte. Der Zensus selbst ist, wie gesagt, historisch zweifelhaft. Lukas hat hier vielleicht eine halbwegs bekannte Zählung aus dem Jahr 6 n.Chr. unter Quirinius aufgegriffen, um diesen Ortswechsel einzuleiten. Der Hinweis auf die Zählung diente ihm eher dazu, Nazaret, den Lebensort der Familie, in Richtung Betlehem zu verlassen, wo nach den Prophetenworten der Messias herkommen könnte. Diese Prophezeiungen werden bei Lukas in einen Zusammenhang mit der Weltgeschichte gestellt: Die Prophetenworte, der Kaisererlass, die Herkunft Josefs, die gottgewirkte Schwangerschaft – all das bereitet Jesus vor als eine ganz große und maßgebende Gestalt der Welt- und Heilsgeschichte. Der Hinweis, dass in der Herberge – vermutlich einer einfachen Karawanserei, wo man als Reisender unterkam – kein Platz mehr war, kontrastiert diese Hochrangigkeit und schafft den offenen Widerspruch: der Messias Gottes liegt ärmlich in einer Futterkrippe, fernab der Heimat jenseits von jeglichem Prunk. Die Krippe, der Futtertrog von Tieren, betont weniger Armut, sondern eher die Ohnmacht dieses Gottessohnes im Vergleich und Kontrast zu einem Neugeborenen aus dem Kaiserhaus oder den landläufigen Messiasvorstellungen.

Dann geht die Erzählung weiter …

> 8 In dieser Gegend lagerten Hirten auf freiem Feld und
> hielten Nachtwache bei ihrer Herde. 9 Da trat ein Engel
> des Herrn zu ihnen und die Herrlichkeit des Herrn
> umstrahlte sie und sie fürchteten sich sehr. 10 Der
> Engel sagte zu ihnen: Fürchtet euch nicht, denn siehe,
> ich verkünde euch eine große Freude, die dem ganzen
> Volk zuteilwerden soll: 11 Heute ist euch in der Stadt
> Davids der Retter geboren; er ist der Christus, der Herr.
> 12 Und das soll euch als Zeichen dienen: Ihr werdet ein
> Kind finden, das, in Windeln gewickelt, in einer
> Krippe liegt. 13 Und plötzlich war bei dem Engel ein
> großes himmlisches Heer, das Gott lobte und sprach:
> 14 Ehre sei Gott in der Höhe / und Friede auf Erden /
> den Menschen seines Wohlgefallens. 15 Und es ge-
> schah, als die Engel von ihnen in den Himmel zurück-
> gekehrt waren, sagten die Hirten zueinander: Lasst uns
> nach Betlehem gehen, um das Ereignis zu sehen, das
> uns der Herr kundgetan hat! 16 So eilten sie hin und

fanden Maria und Josef und das Kind, das in der Krippe
lag. 17 Als sie es sahen, erzählten sie von dem Wort, das
ihnen über dieses Kind gesagt worden war. 18 Und alle,
die es hörten, staunten über das, was ihnen von den
Hirten erzählt wurde. 19 Maria aber bewahrte alle diese
Worte und erwog sie in ihrem Herzen. 20 Die Hirten
kehrten zurück, rühmten Gott und priesen ihn für
alles, was sie gehört und gesehen hatten, so wie es
ihnen gesagt worden war. 21 Als acht Tage vorüber
waren und das Kind beschnitten werden sollte, gab
man ihm den Namen Jesus, den der Engel genannt
hatte, bevor das Kind im Mutterleib empfangen war.

Der Fokus bleibt nicht bei dem Kind, sondern die Kamera schwenkt sozusagen auf ein nahe gelegenes Feld, auf dem Hirten bei ihren Schafen wachen. So kommt zur Davidstadt Betlehem als zusätzliches Motiv hinzu, dass es nun Hirten sind, die vom Engel angesprochen werden – immerhin war David auch ein Hirte (1 Sam 16,11). Der Berufsstand ist allerdings alles andere als angesehen und nicht so romantisch verklärt, wie wir es heute vielleicht konnotieren. Nein, zur Zeit Jesu galten Hirten als Trinker, Kriminelle, ja sogar als Perverse, die stundenlang bei Ihren Schafen wachend auch aufkommende Bedürfnisse jeder Art zu stillen wussten. Der Kontrast wird also noch größer: nicht nur, dass der Messias in einer Futterkrippe fernab der Heimat liegt, sondern nun ergeht die frohe Kunde der Geburt auch noch an diese Schmuddeltruppe vor den Stadttoren. Zugleich sei aber gesagt: Hirten galten auch als wachsame und treue Beschützer ihrer Herden und da das „Wachen“ ein endzeitliches Motiv ist, kann man hier durchaus auch diese positive Seite an den Hirten betonen.

Der Engel, dessen Auftritt sicher Furcht hervorgerufen haben wird zu dieser späten, vielleicht auch weinseligen Stunde, beruhigt die Hirten und spricht von einer „Frohbotschaft" – im Griechischen steht hier: *euangellion* – also Evangelium. Er spricht davon, dass der Retter (im Griechischen: *soter*) geboren wurde, der Herr (im Griechischen: *kyrios*). Warum sind diese griechischen Worte hier so wichtig? Nun, all das waren Signalworte für die Menschen in der damaligen Zeit: Ein Euangellion wurde verlesen, wenn der Kaiser etwas Feierliches verkündete, auch der Geburtstag des Kaisers oder seines Sohnes galt als Frohbotschaft. Der Kaiser wurde als *kyrios* und *soter* bezeichnet – hier nun, wird dieser Titel aber einem Kind in der Futterkrippe verliehen. Es ist auch nicht des Kaisers „Wohlgefallen", von dem die Engelchöre dann singen, es ist kein kaiserlicher Friede, keine Pax Romana, die hier verkündet wird, sondern es ist göttliches Wohlgefallen und ein gottgewirktes Friedensreich. Die Umdeutung der kaiserlichen Vokabeln auf Christus hin ist das große Schema, dem Lukas in seinem Evangelium folgt. Der Engelchor bezeugt die Zuverlässigkeit dieser frohen Botschaft, und da es Gottes Wohlgefallen ist, von dem sie singen, ist diese Nachricht nicht auf den Ort der Geburt oder auf das Volk Israel beschränkt, sondern richtet sich an alle Menschen. Im Unterschied zum militärisch potenten Kaiser oder den zeitgenössischen triumphalen Messiasdeutungen, ist das ohnmächtige Baby in der Krippe der wahre Retter und Friedensstifter, dem der himmlische Hofstaat huldigt. Ehre Gott in der Höhe, Frieden den Menschen auf Erden – und dazwischen, zwischen Himmel und Erde, Lob dem Messiaskönig, der beide Sphären miteinander verbindet.

Übrigens ist es schon auch etwas seltsam, dass ein in Windeln gewickeltes Kind den Hirten als „Zeichen“ dienen soll (siehe Vers 12). Das ist doch an sich nicht besonders spektakulär, würde man meinen. Die Windeln Jesu, die nebenbei bemerkt zu den Aachener Heiligtümern gehören und bei der alle sieben Jahre stattfindenden Heiligtumsfahrt im Dom ausgestellt werden, sind aber schon besonders, weil sie etwas klar machen: Denn so wie Gott Adam und Eva Kleider machte als sie aus dem Paradies vertrieben wurden, so wickeln nun Maria und Josef den Messias in ein erstes „Kleid“. Diese Windeln stehen somit als Zeichen für den gegenseitigen Respekt zwischen Gott und Mensch – die Achtung der Würde des anderen. So dienen die Windeln der Würde des Kindes und der Gottessohn wird nicht nackt und bloß liegen gelassen, sondern sogleich von menschlicher Liebe angenommen.

Auch, wenn einige Forscher:innen heute überlegen, ob die Erzählung von der Geburt Jesu ein Text ist, den Lukas vielleicht nur ein wenig bearbeitete und einfügte oder ob alles doch aus einem Guss und einer Feder ist, können wir nicht umhin zu sagen, dass diese Erzählung in besonderer Weise die universelle Relevanz der Geburt Jesu zu betonen versucht. Während die Geburt noch im Verborgenen geschieht (Verse 1-7), findet die erste Verkündigung der Geburt quasi auf offenem Feld statt (Verse 8-14) und diese wird dann bestätigt (Verse 15-21).

In das Staunen der Hirten sollen sich die Lerser:innen einreihen, denn die Kernaussage ist: Der Messias aus dem Geschlecht Davids ist geboren und er ist der *kyrios* und *soter* der Welt – niemand sonst.

Musikbox: Weihnachtsnacht

- Zum Gloria in der Heiligen Nacht wird häufig *„Menschen, die ihr wart verloren“* (GL 245) gespielt – man könnte teils auch sagen „geschmettert“. In dem Lied kommt die Freude der Weihnacht ganz besonders stark zur Geltung.

- Auch andere Vertonungen des „Glorias“ der Engel (etwa *„Engel auf den Feldern singen“* GL 250) oder auch klassische Gloria-Vertonungen geben diese pure Freude gut wieder.

16. Licht zur Erleuchtung der Völker und Herrlichkeit Israels (Lk 2,22-52)

Nach der eigentlichen weihnachtlichen Geburtserzählung ist es aber noch nicht ganz vorbei. Lukas schließt den Reigen der Erzählungen zur Kindheit Jesu mit zwei letzten Szenen ab. Die eine spielt 40 Tage nach der Geburt und die andere stellt uns dann mit großem Sprung den 12-jährigen Jesus vor Augen. Lesen wir zunächst den ersten Text:

> 22 Als sich für sie die Tage der vom Gesetz des Mose vor-
> geschriebenen Reinigung erfüllt hatten, brachten sie das
> Kind nach Jerusalem hinauf, um es dem Herrn darzu-
> stellen, 23 wie im Gesetz des Herrn geschrieben ist: Jede
> männliche Erstgeburt soll dem Herrn heilig genannt

werden. 24 Auch wollten sie ihr Opfer darbringen, wie
es das Gesetz des Herrn vorschreibt: ein Paar Turteltau-
ben oder zwei junge Tauben. 25 Und siehe, in Jerusalem
lebte ein Mann namens Simeon. Dieser Mann war ge-
recht und fromm und wartete auf den Trost Israels und
der Heilige Geist ruhte auf ihm. 26 Vom Heiligen Geist
war ihm offenbart worden, er werde den Tod nicht
schauen, ehe er den Christus des Herrn gesehen habe.
27 Er wurde vom Geist in den Tempel geführt; und als
die Eltern das Kind Jesus hereinbrachten, um mit ihm
zu tun, was nach dem Gesetz üblich war, 28 nahm Si-
meon das Kind in seine Arme und pries Gott mit den
Worten: 29 Nun lässt du, Herr, deinen Knecht, / wie du
gesagt hast, in Frieden scheiden. 30 Denn meine Augen
haben das Heil gesehen, / 31 das du vor allen Völkern
bereitet hast, 32 ein Licht, das die Heiden erleuchtet, /
und Herrlichkeit für dein Volk Israel. 33 Sein Vater und
seine Mutter staunten über die Worte, die über Jesus ge-
sagt wurden. 34 Und Simeon segnete sie und sagte zu
Maria, der Mutter Jesu: Siehe, dieser ist dazu bestimmt,
dass in Israel viele zu Fall kommen und aufgerichtet
werden, und er wird ein Zeichen sein, dem widerspro-
chen wird, - 35 und deine Seele wird ein Schwert durch-
dringen. So sollen die Gedanken vieler Herzen offenbar
werden. 36 Damals lebte auch Hanna, eine Prophetin,
eine Tochter Penuëls, aus dem Stamm Ascher. Sie war
schon hochbetagt. Als junges Mädchen hatte sie gehei-
ratet und sieben Jahre mit ihrem Mann gelebt; 37 nun
war sie eine Witwe von vierundachtzig Jahren. Sie hielt
sich ständig im Tempel auf und diente Gott Tag und
Nacht mit Fasten und Beten. 38 Zu derselben Stunde

trat sie hinzu, pries Gott und sprach über das Kind zu allen, die auf die Erlösung Jerusalems warteten. 39 Als seine Eltern alles getan hatten, was das Gesetz des Herrn vorschreibt, kehrten sie nach Galiläa in ihre Stadt Nazaret zurück. 40 Das Kind wuchs heran und wurde stark, erfüllt mit Weisheit, und Gottes Gnade ruhte auf ihm.

Vierzig Tage nach der Geburt befinden wir uns weder in Betlehem noch in Nazaret, sondern im Tempel von Jerusalem, dem Wohnort Gottes unter den Menschen – zur Abfassungszeit des Evangeliums war er aber längst von den Römern dem Erdboden gleichgemacht worden. Die Vierzig ist natürlich Symbolzahl, so wie wir es schon von den 40 Tagen der Fastenzeit kennen: 40 Jahre wandelte das Volk Israel in der Wüste. Die „Darstellung" des Erstgeborenen im Tempel erinnert an die Verschonung der Erstgeburt der Israeliten beim Exodus. Weil der Pharao die Israeliten nicht hatte ziehen lassen und sich trotz zahlreicher Plagen nicht erweichen ließ, zog der Engel Gottes in der Nacht des Auszugs der Israeliten aus Ägypten von Haus zu Haus und tötete die Erstgeborenen der Ägypter, was in der antiken Gesellschaft dem Verlust von Wirtschaftskraft für das Volk aber auch die Altersversorgung der Elterngeneration bedeutete – ein harter Schlag also nicht nur menschlich-emotional, sondern auch mit gesellschaftlicher Relevanz. Nach Ex 13,2 soll jeder Erstgeborene Gott gehören („Erkläre alle Erstgeburt als mir geheiligt! Alles, was bei den Israeliten den Mutterschoß durchbricht, bei Mensch und Vieh, gehört mir"). Daher machen sich auch Maria und Josef auf den Weg zum Tempel. Maria war nach der Geburt noch unrein (vgl. Lev 12,1-8). Diese Unreinheit musste erst einmal mit einem Brandopfer aufgehoben werden. Normalerweise machte man das mit einem einjährigen Lamm; dass hier aber zwei Turteltauben geopfert werden zeigt an, dass Maria und Josef nicht zur betuchteren jüdischen Mittelschicht gehörten, sondern sich einfach nicht mehr leisten konnten.

Nach der so weltpolitisch aufgeladenen Weihnachtserzählung sind wir nun wieder ganz im jüdischen Umfeld angekommen und begegnen Simeon und Hanna; zwei alten Menschen, die den frischgebackenen Eltern auch dem Alter nach ähnlich im Kontrast gegenüberstehen wie Zacharias und Elisabet: Altes und Neues Testament begegnen sich hier wieder.

Hanna wird als Prophetin bezeichnet – als eine der ganz wenigen Frauen in der Bibel. In ihr scheinen sich Prophetie, Witwenschaft und Tempeldienst zu verbinden. Das kennzeichnet sie als treue und gläubige Frau, deren sieben Ehejahre nur ein Bruchteil ihrer 84 Lebensjahre ausmachen. Sie stammt aus dem Stamm Ascher (Bedeutung: Glück) und ist Tochter Penuëls (Bedeutung: Gott ist Licht). Ihr wurde, wie dem greisen Simeon, für ihre Treue das Schauen des Erlösers versprochen. In wiederum an die Psalmen erinnernder Sprache singt Simeon dann auch das Lied, das heute noch oft bei Abendgebeten angestimmt wird: das „Nunc dimittis" (Nun entlässt du, Herr deinen Knecht). Es scheint sich darin das Schriftwort in Jes 52,10 zu erfüllen: „alle Enden der Erde werden das Heil unseres Gottes sehen." Die Weihnachtsbotschaft wird am heiligsten Ort des Judentums abermals ins Globale hin geweitet. Das ist ein wenig so, wie im Matthäusevangelium mit den drei Weisen, die zur Krippe kommen: Jesus ist nicht nur Messias für das Judentum („Herrlichkeit für Israel"), sondern darüber hinaus auch „Licht zur Erleuchtung der Völker". Ein bisschen Prophezeiung darf aber auch nicht fehlen: Simeon sagt zu Maria, dass das Kind

„Stein des Anstoßes" sein werde, was auf die Verwerfung Jesu durch sein eigenes Volk anspielt (siehe später in Lk 23,20-24). Außerdem werde Maria ein „Schwert durch die Seele" dringen, was auf die Scheidung des Volkes (Ez 14,17) und auch der Familien anspielt, die dem neuen Weg Jesu anhängen werden und denjenigen, die dem altbewährten Weg folgen wollen. Auffällig ist auch, dass die dreimalige Nennung des Gesetzes, also der Tora, der Weisung Mose in den Versen 22-24 der dreimaligen Nennung des „Geistes" (Verse 25-27) gegenübersteht.

Diese märchenhaft anmutende Szene ist von Lukas wohl dazu genutzt worden, um eine theologische Message rüberzubringen und zu veranschaulichen, nicht um historische Tatsachen wiederzugeben. Andernfalls hätte er wohl nicht so mit der Brechstange Unstimmigkeiten wie eine Namensgebung am Tag der Beschneidung und eine Verbindung von Reinigung und Darstellung stehen lassen. Ihm ging es nicht um penible historische Korrektheit, sondern eher darum, die Relevanz der Ereignisse für die Sendung Jesu darzustellen. Bei Lukas ist mit der Stadt Jerusalem beides konnotiert: die Annahme Jesu am Tempel sowie der Widerspruch und die Verwerfung am Karfreitag. Das Judentum, symbolisiert durch die beiden Alten, Simeon und Hanna, freut sich am verheißenen Kind und blickt es mit der reichen Schrifttradition wissend an – doch diese „sehende" Linie setzt sich in der Breite nicht durch.

Die letzte Perikope schenkt uns noch – ein wenig aus dem Rahmen des Triptychons zwischen Johannes dem Täufer und Jesus fallend – eine Szene aus dem Leben der Familie, bevor das Wirken des erwachsenen Jesus beschrieben wird. Schauen wir uns auch diesen Text an!

41 Die Eltern Jesu gingen jedes Jahr zum Paschafest
nach Jerusalem. 42 Als er zwölf Jahre alt geworden war,
zogen sie wieder hinauf, wie es dem Festbrauch ent-
sprach. 43 Nachdem die Festtage zu Ende waren,
machten sie sich auf den Heimweg. Der Knabe Jesus
aber blieb in Jerusalem, ohne dass seine Eltern es merk-
ten. 44 Sie meinten, er sei in der Pilgergruppe, und
reisten eine Tagesstrecke weit; dann suchten sie ihn bei
den Verwandten und Bekannten. 45 Als sie ihn nicht
fanden, kehrten sie nach Jerusalem zurück und such-
ten nach ihm. 46 Da geschah es, nach drei Tagen fan-
den sie ihn im Tempel; er saß mitten unter den Leh-
rern, hörte ihnen zu und stellte Fragen. 47 Alle, die ihn
hörten, waren erstaunt über sein Verständnis und über
seine Antworten. 48 Als seine Eltern ihn sahen, waren
sie voll Staunen und seine Mutter sagte zu ihm: Kind,
warum hast du uns das angetan? Siehe, dein Vater und
ich haben dich mit Schmerzen gesucht. 49 Da sagte er
zu ihnen: Warum habt ihr mich gesucht? Wusstet ihr
nicht, dass ich in dem sein muss, was meinem Vater
gehört? 50 Doch sie verstanden das Wort nicht, das er
zu ihnen gesagt hatte. 51 Dann kehrte er mit ihnen
nach Nazaret zurück und war ihnen gehorsam. Seine
Mutter bewahrte all die Worte in ihrem Herzen. 52
Jesus aber wuchs heran und seine Weisheit nahm zu
und er fand Gefallen bei Gott und den Menschen.

Die fromme Familie zog jedes Jahr zum Pessachfest nach Jerusalem, eine Wallfahrt, die nur für Männer verpflichtend war. Dass die ganze Familie unterwegs ist, zeigt deren Frömmigkeit. Dass Jesus als Zwölfjähriger auch dabei ist, also kurz bevor er mit 13 Jahren religionsmündig wird, deutet an, dass seine Eltern ihn schon an das Halten der Gebote der Tora gewöhnen wollen. Seine Bar-Mizwa (die Aufnahme als kultfähiger Mann, der auch in der Synagoge die Toralesung übernehmen kann) hatte er da sicher noch nicht. Das Alter könnte aber auch eine Symbolzahl sein (das Produkt aus der göttlichen Zahl 3 und der Zahl der Welt 4 zum Beispiel). In zeitgenössischer Literatur haben wir auch viele besondere Zwölfjährige, an denen sich Lukas vielleicht auch inspiriert haben könnte: So schreibt etwa der Sokratesschüler Xenophon über den Perserkönig Kyrus, dass er schon im Alter von zwölf Jahren alle anderen überragt habe oder der jüdische Geschichtsschreiber Flavius Josephus, dass der Prophet Samuel angeblich im Alter von zwölf Jahren zum ersten Mal prophezeit habe. Wie dem auch sei: Jesus ist noch ganz Kind, nicht einmal religionsmündig und doch zeigt sich hier in dieser Erzählung bei ihm die Weisheit eines Erwachsenen. Jesus wuchs zwar wie jeder andere Mensch heran, war also kein kleines allwissendes Gotteskind oder so, aber diese Erzählung zeigt dann schon, dass er sich seiner Sendung langsam selbst bewusst wird. Sein Zurückbleiben in Jerusalem unterstreicht auch die Bindung zwischen ihm und der Stadt – er weiß, wo er hingehört.

Dass seine Eltern ihn drei Tage nicht finden, könnte natürlich auch schon eine Anspielung auf die drei Tage im Grab sein oder alttestamentlich an die drei Tage, die der Prophet Jona im Bauch des Fisches verbrachte. Als seine Eltern ihn dann finden, antwortet er ihnen sehr offen, dass er in dem sein muss, was seinem Vater gehöre … das ist tiefgründiger gemeint als nur der Tempel! Er will in der Welt sein, bei seinem Volk sein, Weisheit hören und lehren, in Jerusalem und dem Tempel Gottes verweilen. Das Verhältnis von Jesus zum Tempel wird hier als sehr innig gezeichnet, wobei es auch von Ambivalenzen geprägt sein sollte, wie es im Johannesevangelium durch die Tempelaktion angedeutet wird (siehe Joh 2,13-22). Die Weisheit Gottes selbst ist mit Jesus hier im Tempel zugegen – eine „Symbiose“, die eigentlich der Mutter Jesu klar sein müsste. Doch sie wundert sich über Jesus, was uns als Lesende wiederum verwundert: Müsste sie nicht eigentlich wissen, dass ihr Sohn eine besondere Gottesbeziehung haben muss? Der Unterschied zwischen „dein Vater“ (Josef, wie Maria meint) und „mein Vater“ (wie es Jesus über JHWH sagt), ist offenkundig. Die Bande irdischer Vaterschaft verfangen nicht. Jesus will als Gottessohn wie die personifizierte Weisheit im Buch der Weisheit des Alten Testaments vor Gott spielen. Während der Vater des Täufers Diener am Tempel war, ist der Tempel für Jesus das Haus seines Vaters. So wird auch noch ein letztes Mal deutlich, dass Jesus Johannes übertrifft. Und mehr noch: Hier deutet sich eine Umdeutung des Tempels an. Bislang pilgerte das Volk zum Tempel, um Gemeinschaft mit Gott zu haben, bald aber wird die Verkündigung Jesu diesen Tempel anders verstehen, nämlich als Ort, an dem sich die Vater-Sohn-Gemeinschaft vollzieht. Das Reich Gottes braucht keine Tempel, sondern jeder Mensch ist Tempel des Heiligen Geistes, wie bereits Paulus anmerkte (vgl. 1 Kor 6,19).

Diese letzte Erzählung, mit der der lukanische Bogen der Kindheitserzählungen schließt, stellt uns Jesus also als selbstbewussten und weisen Jugendlichen vor, der treu zur Tradition steht und diese aus seiner Weisheit heraus weiterentwickeln wird. Die Vergleiche mit Jugendepisoden der antiken Umwelt helfen uns zu sehen, dass solche Erzählungen auch von anderen großen Gestalten im Nachhinein konstruiert wurden, um etwas über sie auszusagen. Wir haben solche Erzählungen etwa auch über den Kaiser Augustus oder den Philosophen Pythagoras. Allen gemeinsam ist die Rückbindung an einen Tempel, an eine Religion. Normalerweise wird gezeigt, wie vorbildlich sich die jungen Menschen dann mit ihren Lehrern verstanden haben; bei Jesus aber ist es so, dass er selbst bei Gott in die Lehre geht und die Lehrer Israels belehrt. Von diesem Kind, so mussten antike Leser:innen des Lukasevangeliums denken, ist wirklich viel zu erwarten! Klar wird bei Lukas: Die Zeit der Verheißung ist mit Johannes dem Täufer an ein Ende gekommen, der in Tradition alttestamentlicher Persönlichkeiten wie Samson, Samuel oder Elija steht. Jetzt beginnt mit Jesus die Zeit der Erfüllung. Und so setzt nach diesem Erzählkreis das Evangelium bei der Verkündigung Jesu, also sozusagen der „Erfüllungspredigt", an.

TRADITIONSREICHE BLICKE ÜBER DIE BIBEL HINAUS

17. Bibel und Liturgie: Die Messiastitel der O-Antiphonen

Wir haben nun die Texte der Bibel durchleuchtet und merken: Weihnachten ist am Ende ein Fest, das sich wie ein Puzzle aus mehreren Teilen zusammensetzt und nicht wie die Passionsgeschichte einen mehr oder weniger eindeutig historischen Ablauf hat, sondern viel satter theologisch durchtränkt ist, als vielen modernen Menschen lieb ist. Die theologische Tränkung perfekt macht ein kleines liturgisches Häppchen, was den Hochadvent prägt (also die Woche unmittelbar vor dem Weihnachtsfest, den alten „römischen“ Advent der sieben Tage). Falls Sie die 25 Kapitel des Buches als Adventskalender genutzt haben, ist heute der richtige Tag um dieses biblisch-theologische Liturgiemotiv zu betrachten. Es geht um die sogenannten O-Antiphonen.[13] Was ist das?

Im Abendgebet der Kirche wird der Gesang Marias gebetet, der uns in Kapitel 14 bereits begegnet ist. Es ist üblich, dass bei besonderen Festtagen immer auch ein besonderer Vers vor dem Magnificat gesungen wird, eine sogenannte Antiphon. Die Antiphonen heben jeden Tag einen anderen Herrschaftstitel des sich nahenden Messias hervor und meditieren ihn. Diese Herrschaftstitel sind der Schrifttradition entnommen und sollen aufzeigen, dass diese Ankunft schon in den Schriften Israels grundgelegt ist und sich in Jesus als dem Christus erfüllt. Daher gibt es ab dem 17. Dezember bis zum 23.12. (am Abend des 24. Dezember beginnt dann ja schon Weihnachten) diese besonderen Antiphonen, die alle mit einem sehnsuchtsvollen „O“ beginnen und daher auch „O-Antiphonen“ heißen.

Wir schauen uns diese Antiphonen einmal an, weil sie viel Wichtiges über das Fest aussagen können:

17.12. O Sapientia – O Weisheit
O Weisheit, hervorgegangen aus dem Munde des Höchsten – die Welt umspannst du von einem Ende zum andern, in Kraft und Milde ordnest du alles: o komm und offenbare uns den Weg der Weisheit und Einsicht.

Die Weisheit – oft personifiziert als Frau, vor Gott spielend, neben ihm thronend (vgl. Weish 9,4) und schon bei der Erschaffung der Welt zugegen (vgl. Weish 9,9) – ist in der Tradition Israels fest verankert, war aber natürlich auch der griechisch-römischen Kultur kein Fremdwort. Philosoph:innen suchten seit der Antike nach ihr und glücklich kann sich schätzen, wer die Weisheit erlangt. Weisheit befördert Klarheit und Durchblick, Ordnung und Struktur. Wahre Weisheit, so die erste O-Antiphon, geht nur von dem erwarteten Kind in Betlehem aus, da der Glaube die Vernunft vervollkommnet. Der Gedanke, dass Christus die personifizierte Weisheit Gottes ist, hat sich auch in der Darstellung von Bildern ausgedrückt. So gibt es etwa den Bildtyp von Marienfiguren oder -darstellungen mit dem Titel „Sedes Sapientiae“ (Sitz der Weisheit). Maria ist sozusagen der Thron für die Weisheit Gottes. Auf ihrem Schoß thront Christus, oft ein Buch haltend oder mit einem Segnungsgestus. Auch eine der größten Kirchen der Christenheit hatte den Namen „Hagia Sofia“ (Heilige Weisheit), wo auch diese Darstellung zu finden war (siehe Abbildung 5).

Abbildung 5: Sedes Sapientiae; Hagia Sofia[14]

18.12. O Adonai – O Herr

O Adonai, Herr und Führer des Hauses Israel – im flammenden Dornbusch bist du dem Mose erschienen und hast ihm auf dem Berg das Gesetz gegeben: o komm und befreie uns mit deinem starken Arm!

Diese Antiphon ist besonders schön und dicht, weil sie das erwartete Jesuskind ganz unmittelbar in den Erlösungszusammenhang des Exodus, des Auszugs der Israeliten aus der Sklaverei Ägyptens, stellt. Es wird gesagt: Das erwartete Kind ist „adonai" – also Gott selbst, JHWH. Er ist der „ich bin da" des Horeb, der zum Immanuel – Gott mit uns wird. In Kontinuität zu seinen jüdischen Wurzeln mitsamt Tora wird hier gezeigt, dass dieser Christus es war, der Mose die Weisung auf dem Sinai gegeben hat (vgl. Ex 6 sowie Ex 19-20). Ein starkes Bild.

19.12. O Radix Iesse – O Wurzel Jesse
O Spross aus Isais Wurzel, gesetzt zum Zeichen für die Völker – vor dir verstummen die Herrscher der Erde, dich flehen an die Völker: o komm und errette uns, erhebe dich, säume nicht länger!

Hier geht es nicht um ein adventliches Wurzelgebinde, sondern um den Stammbaum des „Isai". Das geht zurück auf den Vers des Propheten Jesaja „An jenem Tag wird es der Spross aus der Wurzel Isais sein, / der dasteht als Feldzeichen für die Völker; die Nationen werden nach ihm fragen / und seine Ruhe wird herrlich sein." (Jes 11,10). Isai war der Vater Davids, wodurch angezeigt wird, dass der erwartete Messias königlichen Geschlechts ist und in der „Herrscherlinie" des israelitischen Königshauses steht. Besonders ist aber, dass er nicht nur König Israels sein wird, sondern König der Völker (wie auch eine eigene O-Antiphon noch lauten wird). Nun kann man sich fragen, warum es dann nicht gleich „Spross aus David" oder so heißt. Nun, ich glaube, es hängt vor allem damit zusammen, dass Jesus hier nicht direkt mit David verglichen werden soll, der ja auch Kriegsherr war, sondern eher auf die gemeinsame Herkunft aus einer Familie von Hirten Bezug genommen wird. Der Spross aus Isais Wurzel ist in erster Linie Hirte – guter Hirte.

20.12. O Clavis David – O Schlüssel Davids
O Schlüssel Davids, Zepter des Hauses Israel – du öffnest, und niemand kann schließen, du schließt, und keine Macht vermag zu öffnen: o komm und öffne den Kerker der Finsternis und die Fessel des Todes!

Laut Jes 22,22 (kann man sich gut merken) wird der Schlüssel Davids „auf die Schulter" gelegt. Mit der Macht zu öffnen und zu schließen ist also eine Bürde verbunden. Viele kennen vielleicht das Bild von den „Himmelsschlüsseln", die der Apostel Petrus als Attribut in den Händen hält. Diese Schlüssel sind auch zum Symbol des Papsttums geworden. Doch: Hier wird Christus selbst als Schlüssel bezeichnet. Er allein hat die Macht, die Menschheit kollektiv aus dem Kerker der Finsternis zu erlösen und individuell jede:n einzelne:n von den Fesseln des Todes zu entbinden. Das Motiv lässt den Karsamstag vorausahnen – den Tag der Grabesruhe, an dem Jesus „hinabgestiegen (ist) in das Reich des Todes", wie es im Glaubensbekenntnis heißt. Binde- und Lösegewalt übt die Kirche an Christi statt aus, so die Idee. Doch dieses Bild zeigt eben dieser Kirche auch immer wieder an, von wem sie diese Macht hat und in welcher menschenzugewandten Weise sie sie auszuüben hat. Es ist weniger Privileg als Bürde, Aufgabe statt Kür – das sollte auch die Kirche sehen.

21.12. O Oriens – O Morgenstern / Aufgang

O Morgenstern, Glanz des unversehrten Lichtes, der Gerechtigkeit strahlende Sonne: o komm und erleuchte, die da sitzen in Finsternis und im Schatten des Todes!

Der Stern in Mt 2 deutet an: die Ankunft des Messias lässt auch den Kosmos nicht unbeteiligt. Die ganze Schöpfung freut sich darüber, dass die Sonne der Gerechtigkeit (vgl. Mal 3,20) aufstrahlen wird von Osten her. Der Aufgang der Sonne ist immer ein besonderes Ereignis – eigentlich ein täglich stattfindendes Wunder. Die hier beschriebene Situation ist aber noch die der Dunkelheit, der Moment kurz bevor das Licht der Sonne aufgeht. Die Antiphon reflektiert das und stellt ausdrücklich klar: Wer den Morgenstern schon sehen kann, kann sich gewiss sein, dass der Tag auch anbricht. Das Bild dahinter bedeutet: Gott lässt uns nicht im Dunklen und Kalten, sondern erhellt und wärmt uns mit seinem Wort – und seinem Messias.

22.12. O Rex Gentium – O König der Völker
O König aller Völker, ihre Erwartung und Sehnsucht; Schlussstein, der den Bau zusammenhält: o komm und errette den Menschen, den du aus Erde gebildet!

„Juble laut, Tochter Zion! Jauchze, Tochter Jerusalem! Siehe, dein König kommt zu dir" (Sach 9,9). An dieser und vielen weiteren Stellen wird der Messias als König gedacht. Der Christus-König schließt, wie wir sahen, das Kirchenjahr ab. Das Kind in der Krippe wird auch als König der Völker ersehnt und erwartet, vor dem sich dann die Mächtigen niederwerfen sollen – u.a. wurden deswegen aus den Sterndeutern aus dem Osten ja drei Könige. Die Betonung liegt aber vielleicht weniger auf dem Königtum, das auch eine Eigenschaft Gottes ist, wie zahlreiche „Königspsalmen" nahelegen, sondern auf dem Begriff der „Völker". Der Messias kommt aus Israel, ist Jude und seinem Volk geschenkt – und er ist doch über dieses Volk hinaus für alle Menschen gekommen, wie auch die letzte Antiphon betont:

23.12. O Emmanuel – O Immanuel / Gott-mit-uns
O Immanuel, unser König und Lehrer, du Hoffnung und Heiland der Völker: o komm, eile und schaffe uns Hilfe, du unser Herr und unser Gott!

Der Immanuel – Gott-mit-uns ist schließlich die letzte Anrufung und geht auf die Vision in Jes 7 zurück (siehe oben Kap. 3). Zugleich löst diese letzte Antiphon ein Rätsel, denn wenn man die Buchstaben der lateinischen Antiphonen vom letzten Termin (23.12.) zum ersten (17.12.) zurückverfolgt, kommt raus: E-R-O-C-R-A-S → Ero cras: Ich werde morgen da sein. Der Immanuel ist also dic Lösung nicht nur des gesamten Hochadvents seit dem 17.12., sondern der Adventszeit generell und unseres ganzen Lebens: zu erkennen, dass der Gott-mit-uns in unserem Leben ankommt, ist der Sinn und Zweck dieser biblisch-liturgischen Übung. Von der Krippe her, so kann man sagen, lösen sich die irdischen Rätsel auf und es erscheint alles klar und wahr. Hören Sie doch vor dem Fest in den Tagen des Hochadvents vielleicht in besonderer Weise diese Antiphonen, meditieren Sie die Texte und versuchen Sie auf diese Weise dem Geheimnis, das sie ausdrücken wollen, näher auf die Spur zu kommen.

Musikbox: O-Antiphonen

- Es gibt viele schöne Vertonungen des gregorianischen *Original-Chroraltons*, die man sich anhören kann; meist von Orden oder Scholen aufgenommen und auf Latein.

- Eine besondere Version der Vertonung sind die *O-Antiphonen von Arvo Pärt* (auch unter dem Titel *Magnificat Antiphonen* zu finden). Pärt hat die Texte nicht im lateinischen Original, sondern bewusst auf Deutsch vertont. Die Dissonanz mag Sie vielleicht aufs erste Hören abschrecken, doch ich werbe darum, sie wirklich bewusst mehrfach zu hören. So erkennt man bald eine theologische Tiefe darin, die einem die Mystik dieser Texte noch einmal ganz neu vor Augen führen kann. Dunkel und tief – archaisch – sind die Stimmen bei „O Adonai" und beim „O Morgenstern" geht tatsächlich die Bewegung zu einem Aufgang hin …

18. Apokryphe Traditionen und Legenden rund um die Weihnachtserzählung

Nachdem wir uns den beiden Kerntexten von Weihnachten zugewandt haben, möchte ich die biblische „Story" aber noch nicht als gänzlich abgeschlossen verstehen. Denn außerhalb des biblischen Kanons gab es zahlreiche Schriften, die versuchten, die klaffende Lücke zu füllen, die sich in den neutestamentlichen Schriften auftat. Die Frage, die viele Leute umtrieb, war: Was passierte in der Zeit zwischen der Geburt und dem ersten Auftreten Jesu? Wie verlief die Kindheit dieses so besonderen Menschen? Welche wichtigen Erzählungen rund um Geburt in Betlehem und die Flucht nach Ägypten fehlen noch? Was ist mit Jesu Großeltern? Und so weiter. Sie merken schon: vieles konnte man hier noch hinzufügen und hat es letztlich auch gemacht. Das ist der Grund, warum wir heute nicht nur aus rein biblischer Tradition für das Weihnachtsfest schöpfen, sondern auch außerkanonische alte Traditionen ebenfalls so wahrgenommen haben, dass sie es bis in die Kunstmuseen der Welt und in die Erzählungen rund ums Weihnachtsfest geschafft haben.

Hatten aber schon, wie wir gesehen haben, die kanonischen Texte eigentlich historisch kaum etwas Stichhaltiges zu berichten, so werden die noch später entstandenen Traditionen dies noch weniger tun. Im Gegenteil, es werden Dinge unnötig verzerrt und es wird versucht, der Vagheit der Aussagen bei Matthäus und Lukas eine Klarheit aufs Auge zu drücken, die dem Geheimnis des Erinnerten zuwiderläuft. Aus diesem Grund, das möchte ich gleich vorwegsagen, bin ich als Theologe schon sehr froh, dass die Kirche diese Texte nicht als allgemein verbindliches Gotteswort angenommen hat, sondern als das behandelt, was sie letztlich sind: Sensationserzählungen, Weiterspinnen von spannenden Erzählfäden und kreative Lückenfüllung.

Während uns die Evangelientexte Bilder schenken, um einen Sachverhalt anschaulich zu machen, aber ihn nicht bis zum Ende ausstaffieren, liegen in den außerkanonischen Texten die Pointen gerade im „genauer wissen". Übrigens, ich sage immer gerne „außerkanonisch", also nicht zum Bibelkanon gehörig. Andere verwenden auch den Begriff „apokryphe" Bücher, was so viel wie „verborgen" heißt. Hier soll aber nicht der Eindruck entstehen, es handle sich um Giftschrank-Bücher, die in vatikanischen Verließen lange Jahre eingemauert worden waren und dann irgendwann durch aufgeklärte Geister den Weg zurück ans Tageslicht fanden. Nein, diese Texte sind und waren immer zugänglich – nur eben nicht Teil der Verkündigung, da sie nicht als inspiriert oder orthodox (im Sinne einer wahren Lehre über die Person Jesus von Nazaret) galten.

Aus der großen Fülle möchte ich hier einmal drei Beispiele auswählen, die Wirkmacht entfalteten in unseren Krippendarstellungen, in der Kunstgeschichte und in der Lehre der Kirche.

Fangen wir mit einem Text aus dem Pseudo-Matthäusevangelium an. Es entstand erst im 7. Jahrhundert nach Christus – also über 600 Jahre nach Jesu Geburt. Hier ist, so darf man sagen, schon viel Theologie hineingeflossen und es haben zahlreiche Traditionen auf diesen Text Einfluss genommen. So sollten wir ihn verstehen als eine nicht einmal mehr antike, sondern schon frühmittelalterliche Deutung der Geburt Jesu. Was dort zum ersten Mal greifbar wird, ist die Erwähnung von Ochs und Esel:

> „Am dritten Tag aber nach der Geburt des Herrn trat Maria aus der Grotte und ging in einen Stall und legte den Knaben in eine Krippe, und Ochs und Esel beugten die Knie und beteten ihn an. Da erfüllte sich, was vom Propheten Jesaja gesagt worden ist, als er sprach: ‚Der Ochse hat seinen Besitzer erkannt und der Esel die Krippe seines Herrn.' Die Tiere selbst hielten ihn in der Mitte und beteten ihn unaufhörlich an. Da erfüllte sich, was der Prophet Habakuk sagte. ‚Inmitten zweier Tiere wirst du erkannt werden.' An diesem Platz aber verweilten Joseph und Maria mit dem Kind drei Tage."
> (Ps. Matthäusevangelium 14)[15]

Zwar haben wir schon in Texten aus dem 2. Jahrhundert einen Hinweis darauf, dass man das Jesuskind in eine Ochsenkrippe legte, aber hier wird der Bezug zu den Prophetenzitaten deutlich benannt. Dass wir heute noch in Krippendarstellungen „Ochs und Esel" haben, liegt an der Wirkung dieses Textes, der als parallele Erzählung zu den Evangelien wohl eine große Leserschaft gefunden hat und sich die Bilder auf diesem Weg einbrennen konnten. Wir sehen daran, dass es oft nur Kleinigkeiten sind, die noch zur Weihnachtserzählung dazukommen, was uns aber klar macht, dass auch späte Texte und nicht nur die Bibeltexte auf unsere Vorstellungen von Weihnachten einwirkten.

Ebenfalls aus den Pseudo-Matthäusevangelium ist diese zweite Erzählung überliefert, der Giotto ein künstlerisches Denkmal gesetzt hat. Hier daher zunächst das Bild, das die Heilige Familie bei der Flucht nach Ägypten zeigt.

Abbildung 6: Giotto, Flucht nach Ägypten (Basilica S. Francesco di Assisi)[16]

Sehen Sie die Palme neben dem Kopf Marias? Sie ist seltsam gebeugt. Giotto kennt wohl auch das Pseudo-Matthäusevangelium und nimmt eine Tradition in das Bild auf, die in der Bibel nicht beschrieben wird. Lesen Sie selbst:

> „Es geschah aber danach, am dritten Tag ihrer Reise, daß Maria durch die große Glut der Sonne in der Wüste erschöpft wurde, und als sie eine Palme sah, sich unter deren Schatten ein wenig ausruhen wollte. Und eilends führte Joseph sie zur Palme und ließ sie vom Maultier herabsteigen. Und als sich Maria niedergesetzt hatte, blickte sie zum Blätterwerk der Palme und sah sie voller Früchte und sprach: ‚O wenn es doch geschehen könnte, daß ich etwas von diesen Früchten der Palme genießen könnte.' Und Joseph sprach zu ihr: ‚Ich wundere mich, daß du dies sagst, obwohl du doch die große Höhe dieser Palme siehst. Du denkst an die Früchte der Palme. Ich aber denke an Wasser, das uns in den Schläuchen nunmehr ausgegangen ist, und wir haben nichts, womit wir sie wieder füllen, noch uns selbst erquicken können.' Da rief der kleine Jesus, der auf dem Schoß seiner jungfräulichen Mutter saß, der Palme zu und sprach: ‚Neige dich, Baum, und erfrische meine Mutter mit deinen Früchten.' Sofort aber auf sein Wort hin neigt die Palme ihre Spitze bis zu den Füßen Mariens, und alle sammelten von ihr die Früchte, die sie hatte, und wurden dadurch erfrischt. Nachdem aber alle ihre Früchte gesammelt worden waren, blieb sie vornübergeneigt, weil sie darauf wartete, sich durch dessen Befehl zu erheben, durch dessen Befehl sie sich geneigt hatte. Da sprach Jesus zu ihr:

‚Erhebe dich, Palme, und werde stark und sei eine Gefährtin meiner Bäume, die im Garten meines Vaters stehen. Öffne aber aus deinen Wurzeln die verborgenen Quellen, und aus ihnen möge Wasser bis zum Überfluß strömen.' Und sofort richtete sich die Palme auf, und durch ihre Wurzeln hindurch begannen Quellen hervorzufließen, Quellen von klarem, kühlem und süßestem Wasser. Als sie aber die Quellen der Wasser strömen sahen, freuten sie sich sehr und tranken zusammen mit Tieren und Menschen und sagten Gott Dank."[17] (Ps. Matthäusevangelium 20)

Eine wundersame Geschichte – nicht allein schon deswegen, weil der Neugeborene nicht nur bereits sprechen kann, sondern sich sogar wie ein Erwachsener artikuliert. Dass die Schöpfung Jesus gehorcht, lesen wir in vielen Kindheitserzählungen. Für den kleinen Gott-Mensch-Messias ist die Natur zu Diensten, wenn es drauf ankommt. So auch hier in der Wüstenerzählung. Die Quelle in der Wüste erinnert an die Wasser von Meriba, wo Gott durch den Stab des Mose aus dem Stein eine Quelle entstehen ließ (Num 20) und die Israeliten, wie Joseph hier in unserem Text, zunächst nicht glaubten. Nahrung und Wasser in der Hitze des Tages und der Kargheit der Wüste ist auch ein Füllemotiv, das an den Garten Eden erinnert. Hier wird gezeigt: Wo Jesus ist, ist das Paradies. Die Palme, als gottergebenes Gegenstück zum Paradiesbaum der Versuchung, wird dann auch folgerichtig vom jungen Messias gelobt und im weiteren Verlauf des Textes zum besonderen „Siegesbaum" gemacht. Bis heute halten Märtyrer:innen auf Bildern und Statuen Palmenzweige als Zeichen des Sieges über den Tod in den Händen.

Als letztes Beispiel soll aus dem wesentlich früher, wohl in der Mitte oder Ende des 2. Jahrhunderts n.Chr. in Syrien oder Ägypten entstandenen Protevangelium des Jakobus ein Text gewählt werden. Das „Protevangelium" – also etwas, das einem Evangelium vorangestellt wurde; von griech. protos = zuerst – wird unter die fiktive Autorenschaft des Jüngers Jakobus gestellt, um ihm mehr Gewicht zu verleihen. Wir erfahren hier viel mehr als in der Bibel darüber, was die Leute über die Heilige Familie noch so dachten – zum Beispiel wie Maria aufwuchs. Die folgende Textpassage beschreibt eindrücklich und verdächtig genau das Wunder der jungfräulichen Geburt mit einer Hebamme als Expertin. Diese berichtet ihrer Freundin Salome vom Erlebten. Aber lesen Sie selbst:

> „Und die Hebamme trat aus der Höhle heraus, und es begegnete ihr Salome, da sagte sie zu ihr: ‚Salome, Salome, ein außergewöhnliches Schauspiel habe ich zu erzählen! Eine Jungfrau hat entbunden, was doch ihre Natur nicht zuläßt!' Und Salome antwortete: ‚So wahr der Herr, mein Gott lebt, wenn ich nicht meinen Finger hineinlege und ihren Zustand untersuche, werde ich nicht glauben, daß eine Jungfrau geboren hat.' Und die Hebamme ging hinein und sagte: ‚Maria, lege dich bereit, denn ein nicht geringer Streit besteht um dich.' Und als Maria dieses hörte, legte sie sich bereit. Nun streckte Salome den eigenen Finger in ihr Geschlecht. Da schrie Salome auf und sagte: ‚Wehe über meinen Frevel und meinen Unglauben, denn ich habe den lebendigen Gott versucht. Und, siehe, meine Hand fällt (verbrannt) durch Feuer von mir ab!'" (ProtEv Jak 19,3-20,1)[18]

Keine Sorge, sie erhält ihre Hand zurück, aber erst nachdem sie bereut hat, die Jungfrauengeburt angezweifelt zu haben und das Jesuskind auf dem Arm trägt. Diese Erzählung ist sehr populär geworden und wird auch auf zahlreichen griechischen Ikonen dargestellt. Dabei ist dies eine sehr späte Tradition wie auch die anderen Beispiele. Wir sind hier über 150 Jahre nach Jesu Geburt – hier ist nichts Historisches mehr zu finden, sondern nur der Versuch, Glaubensgewissheiten wie die Jungfrauengeburt durch Erzählungen wie diese zu untermauern. Das Protevangelium versucht in fast schon wissenschaftlicher Akribie die Jungfrauengeburt nachzuweisen und bestens informiert auf offensichtlich gestellte Fragen zu antworten. Der Text dient nicht der Information über äußere Vorgänge im Sinn neuzeitlicher Geschichtsforschung, also einer Nachzeichnung und Erklärung der historischen Umstände. Er bringt vielmehr eine Wirklichkeit zur Sprache, über die man letztlich nur in Metaphern und Bildern sprechen kann. Das ist keine Berichterstattung, sondern Glaubensunterweisung.

Wie der ungläubige Thomas (vgl. Joh 20,24-29), der den Finger in die Seite Jesu legen möchte, um an die Auferstehung zu glauben, will Salome ihren Finger in den Schoß Marias legen, um das Wunder der jungfräulichen Geburt zu „erfühlen". Während wir bei Thomas gar nicht erfahren, ob er den Finger wirklich in die Wundmale Jesu legt, oder ob ihm der alleinige Anblick Jesu als Beweis genügt, will Salome es wirklich wissen. Wir sollten diese Texte nicht zu sehr quetschen und pressen! Ursprünglich dienten sie wohl dazu, Kritiker:innen einen Beweis zu liefern. Heute wirken sie auf uns wie Geschichten aus 1001 Nacht und beweisen faktisch nichts – im Gegenteil könnte es dazu führen, dass man die jungfräuliche Geburt als biologisches Faktum zu verstehen versucht und ihr nicht als theologische Glaubenswahrheit nachspürt. Das ist die Gefahr, die von einigen außerkanonischen Texten ausgeht: Die Kreativität der Menschen ist mit ihnen durchgegangen und die Bilder und „Beweise“, die in Textform entstanden waren, erschweren heutige theologische Debatten. Es ist letztlich eine weise Entscheidung der Kirche gewesen, die Textauswahl eng zu halten, auf eine wenn auch nicht streng historische, so doch einigermaßen theologisch plausible Linie zu achten und im Letzten auch Dinge offen zu lassen. Diese Offenheit müssen wir aushalten, können sie aber theologisch füllen, indem wir sehen: Gott ist Mensch geworden, nicht um durch Zauberwerke von Kindesbeinen an als kleiner Sonderling zu erscheinen, sondern um menschlichen Alltag in seiner ganzen Drögheit und Spröde zu erleben. Dass im Lukasevangelium summiert wird: „Jesus aber wuchs heran und seine Weisheit nahm zu und er fand Gefallen bei Gott und den Menschen“ – zeigt doch, dass es sonst eigentlich nicht mehr viel Relevantes bis zum öffentlichen Auftreten des Messias zu berichten gibt. Oder anders gesagt: Vielleicht ist es gerade so, dass Gott in dieser Alltäglichkeit leben wollte und wir es ihm gleichtun sollten und nicht immer das Besondere suchen müssen, sondern unseren Alltag auch als von Gott erfüllten heiligen Raum ansehen dürfen.

Weihnachten – das Mysterium

Wir verstehen jetzt die Rahmung des Weihnachtsfestes im Jahr und Festkalender der Kirche, wir verstehen, mit welchen Fragen und zugleich Antwortentwürfen die Evangelien an das Festgeheimnis von Weihnachten herantreten. Doch verstehen wir Weihnachten wirklich? Am Ende, so würde ich sagen, bleibt Weihnachten ein Mysterium, das wir nur im Zusammenspiel von Rahmung durch Liturgie und Jahreskreis, biblische Erzählungen und dogmatische Erkenntnisse annähernd begreifen können. Um diesen letzten Punkt noch etwas auszufalten, stellen wir im abschließenden Teil die Frage nach dem „Wesen" Jesu und nach weiteren Zugängen zu Weihnachten durch Kunst und Musik.

VOM WESEN JESU – WAHRER MENSCH UND WAHRER GOTT – WIE SOLL DAS GEHEN?

19. Gott im Fleisch: Impulse aus dem Johannesprolog (Joh 1,1-18)

Das große Geheimnis von Weihnachten lässt sich in einem Satz zusammenfassen: Gott wird Mensch. Simple as that! Die Erzählungen des Matthäus- und Lukasevangeliums schmücken diesen Satz aus und versuchen ihm auf jeweils andere Art und Weise Tiefe und Deutung zu geben. Keine „Kindheitserzählungen" hat dagegen das Johannesevangelium und trotzdem wird daraus am ersten Weihnachtstag feierlich eine Passage vorgetragen, die zu den theologisch dichtesten Texten des Neuen Testaments gehört: der sogenannte „Johannesprolog“ (Joh 1,1-18).

Viel könnte und müsste man hierzu sagen! Wir wollen uns mit einigen wenigen Beobachtungen begnügen, die uns bei unserer Suche nach dem Kern des Festes das Weihnachtsgeheimnis näher erschließen können und so wollen wir diesen Text Schritt für Schritt durchgehen. Der Text – dies sei gleich vorhergeschickt – ist in Ton und Form ganz anders als die Erzählungen von Lukas und Matthäus. Er ist einfach durch und durch theologisch geformt, was ihn ziemlich sperrig macht. Eine kleine Herausforderung also gerade an uns heute, die wir die Distanz von fast 2000 Jahren noch interpretativ meistern müssen. Es lohnt sich trotzdem, ihn einmal durchzugehen, da es wirklich einer der großen Texte des Neuen Testaments ist – mit enormer Wirkung bis heute …

> 1 Im Anfang war das Wort und das Wort war bei Gott
> und das Wort war Gott. 2 Dieses war im Anfang bei
> Gott. 3 Alles ist durch das Wort geworden und ohne es
> wurde nichts, was geworden ist. 4 In ihm war Leben
> und das Leben war das Licht der Menschen. 5 Und das
> Licht leuchtet in der Finsternis und die Finsternis hat
> es nicht erfasst.

Schon der erste Satz ist erklärungsbedürftig. Mit „Wort“ wird der griechische Begriff „Logos“ übersetzt, der sehr viele Bedeutungen haben kann – etwa Vernunft und geistige Ordnung aber auch Schöpfungswort oder Gerichtsspruch.[19] Unter Bibelforscher:innen hat es sich eingespielt, diesen Begriff am besten gar nicht zu übersetzen, zumal der „Logos“ auch als Personifikation der göttlichen Vernunft oder Tatkraft stehen kann. Der Logos ist also quasi eine Art „Person“ oder ein Individuum. Dann kommt noch dazu: Im deutschen Text sieht es so aus, als ob da zweimal „Gott“ steht, aber im griechischen steht „Gott“ einmal mit Artikel und einmal ohne, so dass das zweite „Gott“ auch als Adjektiv verstanden werden kann. Man kann den ersten Satz also auch übersetzen mit: „Im Anfang war der Logos, und der Logos war bei (dem) Gott, und der Logos war Gott (göttlich).“ Es geht hier also um nichts anderes als den „göttlichen Logos“, der vor Beginn der Zeit und Schöpfung schon da war. Dass dieser Logos etwas mit dem Messias Christus zu tun haben muss, ist zu Beginn eines Evangeliums auch klar. Der Messias bzw. Christus wird als vor aller Schöpfung prä-existenter Gott-Part vorgestellt, durch den alles wurde. Die ersten Sätze des Johannesevangeliums katapultieren uns als Lesende erstmal zum absoluten Beginn von allem – ja sogar noch vor den Beginn. Zu diesem Zeitpunkt (obwohl es „Zeit“ ja vor der Schöpfung eigentlich noch gar nicht gab) war Gott schon da und mit ihm sein „Logos“, so die Idee. Der Ausdruck „Im Anfang“ erinnert auch an die Schöpfungserzählung der Bibel und auch, dass in dem Logos Licht und Leben war, weckt Assoziationen an diesen ersten Text der Bibel. Der erste Satz im Johannesevangelium „kopiert“ den ersten Satz der Bibel an sich aus dem Buch Genesis – oder besser gesagt: er formuliert ihn genauer um. Gott, so die Aussage, ist Herr des Lichts und die Finsternis des Alls kann dieses Licht nicht verdunkeln, die er und sein Logos ausstrahlen. Hat im jüdischen Kontext das göttliche Schöpfungswort (daher auch die sinnvolle deutsche Übersetzung von „Logos“ mit „Wort“) die Schöpfung ins Rollen gebracht, so schenkten bei den Griechen die Weisheit und der Verstand (auch Aspekte des „Logos“) der Welt Ordnung.

In der antiken Welt dachte man, dass die Welt der Menschen getrennt sei von der Sphäre der Götter. Die „Trennwand" dazwischen wurde auch als *chorismos* bezeichnet. Wenn nun der Logos „bei Gott" war, heißt das, dass er in einer ganz anderen Wirklichkeit ist, die mit unserer eigentlich niemals in Berührung kommen kann. So soll es aber nicht bleiben ... Schauen wir weiter in den Text:

> 6 Ein Mensch trat auf, von Gott gesandt; sein Name
> war Johannes. 7 Er kam als Zeuge, um Zeugnis abzule-
> gen für das Licht, damit alle durch ihn zum Glauben
> kommen. 8 Er war nicht selbst das Licht, er sollte nur
> Zeugnis ablegen für das Licht. 9 Das wahre Licht, das
> jeden Menschen erleuchtet, kam in die Welt. 10 Er war
> in der Welt und die Welt ist durch ihn geworden, aber
> die Welt erkannte ihn nicht. 11 Er kam in sein Eigen-
> tum, aber die Seinen nahmen ihn nicht auf. 12 Allen
> aber, die ihn aufnahmen, gab er Macht, Kinder Gottes
> zu werden, allen, die an seinen Namen glauben, 13 die
> nicht aus dem Blut, nicht aus dem Willen des Fleisches, nicht aus dem Willen des Mannes, sondern aus Gott geboren sind.

Johannes der Täufer, den wir als zentrale Gestalt ja schon in den lukanischen Erzählungen kennenlernten, wird hier als „Zeuge" vorgestellt, den man aber tunlichst nicht mit dem „wahren Licht" verwechseln sollte. Dass das immer wieder betont wird, scheint darauf hinzuweisen, dass die frühen Jesus-Anhänger:innen es mit einer Überzahl an Johannes-Nachfolger:innen zu tun hatten, denen hier sanft die Legitimität entzogen werden sollte.

Dass der Logos in „sein Eigentum“, also die Schöpfung, kommt und nicht von den „Seinen“ (also seinen Geschöpfen – vor allem: den Menschen) aufgenommen wurde, wird kritisiert. Alle aber, die an ihn glauben, die sind ganz aus Gott – sie haben die Erkenntnis, so die Kernaussage dieses Abschnitts, bevor der berühmte Satz folgt:

> 14 Und das Wort ist Fleisch geworden und hat unter uns gewohnt und wir haben seine Herrlichkeit geschaut, die Herrlichkeit des einzigen Sohnes vom Vater, voll Gnade und Wahrheit.

Der Philosoph Walter Benjamin bezeichnete Vers 14 als den „Blitz“ des Neuen Testaments – der Rest sei nur Donner. Ja, das ist der Satz, der als weihnachtlicher Paukenschlag gilt: Gott wird Mensch – nein, nicht nur Mensch, sondern „Fleisch“. Das griechische Wort für „Fleisch“, *sarx*, hat eine wirklich radikal körperliche Komponente. Während der Begriff „Leib“ (*soma*) auch den Geist (*pneuma*) des Menschen mitdenkt, so ist *sarx* der Anteil des Wesens, der zur Sünde hinneigt, Lust empfindet, Bedürfnisse hat. Dass also der Logos explizit zum *sarx-Fleisch* wird, ist eine unerhörte Sache! Zugleich wird dadurch deutlich, dass die Herrlichkeit Gottes gerade auch in dieser „Fleischwerdung“ erkennbar wird. Die Herrlichkeit Gottes (hebr. *kabod JHWH*) wurde (genau wie der Logos) wie eine persönliche Ausformung Gottes gesehen. In den jüdischen Vorstellungen „wohnte“ sie im Jerusalemer Tempel – aber niemand wäre auf die Idee gekommen, sie in menschlichem „Fleisch“ zu denken! Die harte Grenze zwischen Gott und Mensch, wie sie sich die Menschen mit dem *chorismos* vorstellten, ist durchlässig geworden, durchschreitbar, wenn nun Gott selbst auf einmal menschliches Fleisch annimmt. Dieser Paukenschlag verdient es am Hochfest der Geburt Jesu festlich verlesen zu werden, denn diese denkerische Zumutung und auf den ersten Blick absolut unwahrscheinliche Behauptung ist ein Kerndogma des Christentums. Anders gesagt: Dieses Geheimnis gilt es verstehen zu wollen, wenn man sich Christin oder Christ nennt.

Interessant ist auch die Wendung „und hat unter uns gewohnt". Der im Text verwendete griechische Begriff bedeutet so viel wie „und hat unter uns sein Zelt aufgeschlagen". Das Gotteswort baut hier also kein bleibendes Haus, sondern zieht wie das Volk Israel nomadenhaft durch die Welt und wird das Zelt auch wieder abbrechen und zurückkehren hinter den durchstochenen *chorismos* – nicht aber ohne bleibende Spuren zu hinterlassen. Schauen wir uns auch die letzten Verse dieses dichten Textes an:

> 15 Johannes legt Zeugnis für ihn ab und ruft: Dieser war es, über den ich gesagt habe: Er, der nach mir kommt, ist mir voraus, weil er vor mir war. 16 Aus seiner Fülle haben wir alle empfangen, Gnade über Gnade. 17 Denn das Gesetz wurde durch Mose gegeben, die Gnade und die Wahrheit kamen durch Jesus Christus. 18 Niemand hat Gott je gesehen. Der Einzige, der Gott ist und am Herzen des Vaters ruht, er hat Kunde gebracht.

Den Satz muss man sich auch auf der Zunge zergehen lassen: „Er, der nach mir kommt, ist mir voraus, weil er vor mir war." Johannes der Täufer, offenkundig älter als Jesus, ist dennoch nur zweiter, weil keiner älter sein kann als Gott selbst. Der inkarnierte Logos, der Christus, war schon bei der Erschaffung der

Welt dabei – wie könnte also Johannes ihm das Wasser reichen? In der Antike galt alles, was älter war als besser, majestätischer und mit einer ganz eigenen Würde, Vollmacht und Gravität an Erfahrung ausgestattet. So gesehen hätte Johannes mit „weltlichen“ Augen betrachtet den Alters-Vorzug verdient, aber wer Jesus tiefer versteht, sieht: älter und damit majestätischer und gravitätischer als er zu sein, geht gar nicht, weil er als Logos schon bei der Schöpfung zugegen war.

Vers 17 ist aus unserer heutigen Sicht etwas problematisch, weil dort ein Gegensatz ausgemacht wird: hier das Gesetz des Mose, da die Wahrheit durch Christus. Aus dem Zeitkontext des Johannesevangeliums heraus, wo sich die junge Christ:innengemeinschaft vom Judentum zu lösen versuchte, ist diese Zuspitzung verständlich. Heute bedarf sie der Interpretation, denn – wie wir es auch bei Matthäus und Lukas gesehen haben – ohne die Wurzel des Judentums, aus der ja der Messias entspringt, wäre ein Christentum überhaupt nicht denkbar. Wir haben es hier also nicht mit einer Ablösung oder Übersteigerung und Abschaffung des Judentums zu tun, sondern mit einem „neuen Weg“ des Judentums – das Christentum wurde zunächst auch genauso genannt (vgl. Apg 16,17; 18,25f.).

Aber Vers 18 bringt uns noch einmal zurück zum Logos. Der unsichtbare Gott ist nun sichtbar geworden und hat der Welt sein Bild geschenkt: Jesus, den Christus. Daher wird an dieser Stelle noch einmal betont, dass er auch wirklich „Gott ist“ und Kunde bringt – im Griechischen steht hier „er hat ausgelegt“. Jesus ist also der Exeget Gottes, der den Menschen den Vater auslegt und neu verstehbar macht. Dies führt den Logos Christus auch in einen Zusammenhang mit der Schrift: Im Judentum stellte man sich vor, dass die Tora als Weisung Gottes vor aller Zeit war. Der Logos „steht" somit für jüdische Ohren nicht allein für den Messias, sondern kann auch für die Tora Gottes stehen. Er ist dann die inkarnierte Tora und Erfüller der Verheißung an Israel. Sinn der Inkarnation ist damit in erster Linie nicht die Erlösung der Menschen, sondern die Krönung des Schöpfungswerkes Gottes, das er in der Genesis begonnen hat und das sich durch die Schriften Israels zieht. Dass der Prolog aber in eine Welt hineinspricht, die erlösungsbedürftig und eben nicht schöpferisch-perfekt ist, zeigt, dass Erlösung die Folge der Inkarnation sein muss. Oder anders gesagt: Wer A sagt, muss B sagen – wer Weihnachten feiert, feiert am Horizont schon Karfreitag und Ostern mit.

Der Johannesprolog, dieser dichte Text zu Beginn des Evangeliums, sagt also sehr viel über das, was Weihnachten als Mysterium zu feiern beabsichtigt und klärt zwei Fragen:

1. Wer ist Jesus? Hier ist die Antwort, die uns der Text liefert: Er ist der präexistente Logos, der Exeget Gottes, der die Menschen durch sein Licht erleuchtet und ihnen als Gott selbst Gott erschließt.

2. Welche Rolle spielt der Täufer Johannes? Hierzu sagt der Prolog, dass der Täufer ein ehrenwerter alter Zeuge ist, aber eben nicht so alt und verlässlich wie der Logos selbst, der beim Weltbeginn dabei war. Johannes ist nicht der Messias, sondern der Vorläufer, der Ankündiger und als letzter Prophet alttestamentlicher Couleur so eine Art neuer Jesaja oder Elija, der das Kommen des Messias ankündigt und die Menschen daran erinnert. Mehr nicht!

Die kosmische Dimension, die der Johannesprolog entgegen den eher basarhaften Geschichten des Matthäus- und Lukasevangeliums bietet, hat viele Theolog:innen beflügelt und die Debatte mit angestoßen, wie man sich das denkerisch vorstellen kann, dass Gott Mensch wird, nein sogar Fleisch ... Es ist dieser unablässige und nicht nur einmalige Prozess des Herabsteigens, des Kleinmachens und der „Selbstentleerung" Gottes, die in diesem Hymnus deutlich wird. Wir haben hier wirklich Theologie in ganz komprimierter Form – so komprimiert, dass man den Johannesprolog wohl mit gutem Recht als den Diamanten des Neuen Testaments bezeichnen kann.

Dieser Text ist für uns heute natürlich viel sperriger als die Erzählungen in den anderen Evangelien, doch es lohnt sich gerade zu Weihnachten die Beschäftigung mit diesem Text und die gegebenen Auslegungswege sind ja auch nur kleine Hinweise. Ich würde Ihnen empfehlen, wenn Ihnen die Erklärungen auf dem ersten Weg etwas zu sperrig waren, diese Passage noch einmal und noch einmal zu lesen, damit sich diese ganz andere Denkweise ein wenig „setzen" kann. Denn einfach zu verdauen ist dieser Text nicht und auch ich frage mich jedes Jahr von Neuem, welcher Aspekt dieser feierlichen „Logos-Hymne" für mich besondere Relevanz hat. Einmal ist es der Gedanke der „Präexistenz", dann wieder die Verrücktheit der „Fleischwerdung" an sich oder das Nachdenken darüber, ob es eigentlich so eine „Grenze" zwischen Gott und Mensch jemals gegeben hat, die überwunden werden musste. Der Text kreiert Bilder und Lösungswege, aber auch viele Fragen, die uns heute auch noch beschäftigen.

Musikbox: Johannesprolog/Inkarnation

- *In Principio* (Arvo Pärt); eine gewaltige und ausdrucksstarke Vertonung des Johannesprologs ganz im Stil des estnischen Komponisten mit gewaltigem Chor und vielen Beckenschlägen.

- *Verbum caro factus est* (Gregorianische Antiphon, diverse Vertonungen u.a. von Hans Leo Haßler aus dem 16. Jh.). Die Stelle aus dem Johannesprolog wird darin noch einmal ausführlich meditiert und musikalisch aufgegriffen.

- Und etwas moderner: *Wenn Worte meine Sprache wären* von Tim Bendzko, bringt gut die Verzweiflung zum Ausdruck, die dann eintritt, wenn Worte nicht mehr ausdrücken können, was man fühlt. Das fleischgewordene Wort ist so vielleicht auch in diesem Sinne nicht übersetzbar.

20. Weihnachten und die Christologie – eine dogmatische Zeitreise

Das Geheimnis der Menschwerdung Gottes in Jesus aus Nazaret beflügelte die Gedanken der Menschen. Schon Paulus, von dem wir die ältesten Texte des Neuen Testaments überliefert haben – älter als die Evangelien, beschreibt Jesus in einem Hymnen-artigen Text in seinem Brief an die Gemeinde in Philippi wie folgt:

> Seid untereinander so gesinnt, wie es dem Leben in Christus Jesus entspricht: Er war Gott gleich, / hielt aber nicht daran fest, Gott gleich zu sein, sondern er entäußerte sich / und wurde wie ein Sklave / und den Menschen gleich. / Sein Leben war das eines Menschen; er erniedrigte sich / und war gehorsam bis zum Tod, / bis zum Tod am Kreuz. Darum hat ihn Gott über alle erhöht / und ihm den Namen verliehen, / der größer ist als alle Namen, damit alle im Himmel, auf der Erde und unter der Erde ihr Knie beugen / vor dem Namen Jesu und jeder Mund bekennt: / Jesus Christus ist der Herr / zur Ehre Gottes, des Vaters. (Phil 2,5-11)

Die Anweisung an die Gläubigen, wie Jesus zu sein, zielt vor allem auf die Bewegung ab: obwohl Jesus nämlich Gott war und dies auch so hätte bewenden lassen können, „entäußerte" er sich. Man kann das Wort, das hier verwendet wird auch mit „entleerte" er oder „entledigte" er sich seiner Gottheit übersetzen. Damit die Menschheit also Platz hat, muss sich die Gottheit zusammenziehen. Die jüdische Mystik in der Tradition Isaak Lurias prägte den Ausdruck „zimzum" – das Zusammenziehen Gottes, um der Welt Raum zu geben. Die Idee: Die Schöpfermacht Gottes drückt sich gerade dadurch aus, dass er sich selbst einschränkt und zurückzieht. Im Falle Jesu scheint es so, dass dem Menschsein Raum gegeben wird und die Gottheit trotzdem erhalten bleibt. Klingt unlogisch? Tja, damit sind wir mittendrin in der Komplexität des großen Heilsgeheimnisses von Weihnachten, das nämlich gar nicht leicht lösbar ist.

Wie, so fragten sich dann die frühen Christ:innen, ist es denn möglich, dass Jesus Gottes Sohn ist? Oder anders: Kann er ganz Mensch sein, wenn er doch auch Gott ist? Ist er noch ganz Gott, wenn er in Menschengestalt auf der Erde wandelt? Das sind spannende Fragen, denen sich die Theologie annahm und die sie diskutierte.

Die erste Frage war zunächst einmal, ob Jesus nicht nur das vornehmste und höchste Geschöpf sei – also ganz ganz nah bei Gott – aber eben nicht Gott selbst. Für so eine Lehre stand der frühchristliche Bischof Arius, dessen Ansicht aber nicht geteilt wurde. Auf dem Konzil von Nicäa 325 n.Chr. wurde beschlossen: Jesus ist nicht nur irgendwie höchstes Geschöpf oder bloß „wesensähnlich" zu Gott, sondern mit Gott wirklich wesensgleich. Das heißt: Der Sohn ist Gott und der Vater ist Gott. (Später wurde auch der Heilige Geist – quasi das Liebesband zwischen Vater und Sohn, die personifizierte Liebe und der bleibende Hauch Gottes, der die Welt durchweht, hinzugefügt. So wurde aus einer „Binität" eine Trinität: drei Ausformungen des einen göttlichen Wesens.)

Diskussionen werden aber nicht einfach dadurch beendet, dass jemand, in diesem Fall Arius, einfach als Häretiker tituliert wird. Heute gibt es sicher viele Menschen, denen die Position des Arius durchaus einleuchtet, die Jesus als vielleicht wichtige spirituelle Impulse gebende Person ansehen, einen, der viel Gutes getan hat und der den Menschen Gott erschlossen hat. Aber Jesus selbst als Gott zu verehren – na, das klingt dann doch zu hoch für viele. Streng genommen ist es aber auch in Tradition zu den biblischen Texten genau der Duktus, in dem wir Weihnachten feiern! Es ist ein radikaler Gedanke – radikal auch im

Sinne von „an die Wurzel gehend"! Der Gedanke der Inkarnation und der Wesensgleichheit zwischen Jesus und Gott ist eine Ur-Zumutung des Christentums! Dass Gott in Jesus Mensch wird mit allem, was Körperlichkeit bietet – von Verletzbarkeit (kann Gott bluten?) über psychische Fragen (kann man Gott traumatisieren?) hin zu körperlichen Grundbedürfnissen des Menschen (kann Gott urinieren und defäkieren?) – all das ist ein so radikaler Gedanke, dass er von außen schon fast als Absurdität angesehen werden muss – im harmlosesten Fall.

Aber warten Sie ab, uns wird noch mehr zugemutet: Denn nach Arius ging eine Diskussion auf ganz anderem Feld los. Es ging nun um Maria. Man fragte sich: Wenn sie den gott-wesensgleichen Sohn geboren hat, ist sie dann nicht eigentlich die Gebärerin ihres eigenen Schöpfers – also: Gottesgebärerin? Diese Fragen kann man nur beantworten, wenn man die „Natur" Jesu klärt und so war die Diskussion um Maria eigentlich eine Art „Stellvertreterdiskussion" um die Frage nach der Natur Jesu: Sind „Gottheit" und „Menschheit" voneinander getrennt oder ineinander verschmolzen? War Maria, von der das „Leibliche" genommen wurde, dann „Christusgebärerin" (also hat sie die menschliche Hülle gegeben und das Göttliche war darin verborgen und hatte nichts mit ihrem Leib zu tun) oder war sie „Gottesgebärerin" (also hat sie in Jesus eine „Vermengung" von Menschheit und Gottheit zur Welt gebracht)? Die Entscheidung fiel auf dem Konzil von Ephesus 431 n.Chr.: Maria galt seitdem als „Theotokos" – Gottesgebärerin, sodass diese „Gruppe" sich freute, dass ihre Deutungslinie wohl die „richtige" war. Nebenbei bemerkt: bei allen Konzilen sind der christlichen Kirche natürlich Leute abgesprungen und haben den anderen Strang in anderen Gemeinschaften weiter gepflegt – etwa die chaldäische Kirche, die in der Tradition der „Christotokos"-Anhänger steht. Also jede Entscheidung in diesen komplexen theologischen Fragen hat simpel gesagt eine neue christliche Traditionslinie hervorgebracht. Aber machen wir es nicht komplizierter, als es eh schon ist.

Das Gezanke ging weiter und sollte sich auch noch in der Frage nach dem Willen Gottes fortsetzen (Ist der Wille Gottes menschlich oder ist er göttlich?). Eine salomonische Lösung schlug im Vorfeld des Konzils von Chalkedon 451 n.Chr. der Bischof von Rom, Papst Leo der Große vor. Er prägte den Konzilsbeschluss der heute noch alles klar und unklar zugleich macht:

> „Ein und derselbe ist Christus, der einziggeborene Sohn und Herr, der in zwei Naturen unvermischt, unveränderlich, ungetrennt und unteilbar erkannt wird, wobei nirgends wegen der Einung der Unterschied der Naturen aufgehoben ist, vielmehr die Eigentümlichkeit jeder der beiden Naturen gewahrt bleibt und sich in einer Person und einer Hypostase vereinigt."[20]

Schwammig und offen – aber ehrlich. Dieses Bekenntnis ist heute noch die Grundaussage der orthodoxen, katholischen und aller protestantischen Traditionen. Das zeigt am Ende: Wer Weihnachten verstehen will wie eine mathematische Gleichung, der wird scheitern! Dass auch 400 Jahre nach der Kreuzigung Jesu die Menschen immer noch keine gute Erklärung dafür hatten, was und wer und wie er es war, verunsichert uns heute sicher. „Ist dann nicht alles nichtig?", könnte man fragen.

Der amerikanische Theologe und Bibelwissenschaftler Raymond Brown sah die Kindheitserzählungen als Endpunkt eines Prozesses an, der die nachösterliche Aussage „Jesus ist der Sohn Gottes“ zurückverlegte: erst hin zur Taufe, also, dass Jesus am Jordan von Gott als Sohn angenommen wurde, dann zur Geburt und Empfängnis, wie in den Kindheitserzählungen dargestellt, und letztlich bei Johannes sogar ins Präexistente hinein. Diese Überlegungen gaben uns die frühen Christen mit und sie beschäftigen seitdem, wie man sieht, die Theologie. Die Fleischwerdung Gottes, wie ist sie zu denken? Ist Gott Mensch geworden – also ist dies auf einer ersten „Substanzebene“ zu sehen, oder eine Ebene tiefer: ist er Mann geworden, Jude geworden, Nazarener geworden, die historische Person Jesus? Also man kann daran anknüpfend weiter fragen: Ist Gott prototypartig Mensch geworden oder radikal individuell? Individuen, das zeigen heutige Debatten wunderbar, exkludieren andere Lebensstile. Klarer gesagt: Was bedeutet es dann, dass Gott nicht Frau, nicht Hindu, nicht xy-Eigenschaft geworden ist, sondern der Jude Jesus von Nazaret? Ist das exkludierend zu denken oder ist die Menschwerdung inklusiv? Natürlich tendieren Sie und ich jetzt gleich zu letzterem – aber ist das wirklich so klar?

Ich glaube, dass das Geheimnis des Gott- und Menschseins Jesu eine von den Wahrheiten ist, die man annehmen kann, obwohl man sie nicht im Letzten belegen oder beweisen kann. Das macht sie zu einem Glaubensgegenstand und nicht zu einer objektiven Wahrheit wie z.B. die messbare radioaktive Verstrahlung von Erde in Tschernobyl oder Fukushima. Sie ist eher eine subjektive Wahrheit – wie die Aussage „Ich liebe dich“, die am Ende nicht bewiesen, sondern nur geglaubt werden kann. Viele Grundüberlegungen können plausibilisieren: heilige Texte, die einen Messias ankündigen, der Glaube der frühen Jünger:innen und das Ausbreiten der Botschaft in die ganze Welt, die philosophische Frage, ob denn das Universum wirklich ohne Ziel und Sinn erschaffen wurde, oder ob ein Plan dahinterstecken könnte. Es sind viele Dinge, die zusammenkommen müssen, um hier eine Plausibilität zu sehen, das verstehe ich gut und sehe ich ein. Das Weihnachtsgeheimnis ist und bleibt eine Zumutung auch für unser Denken – und doch auch eine Herausforderung dies anzunehmen, auf die eigene Existenz wirken zu lassen, und vielleicht auch erst einmal so zu tun „als ob" es wahr sein könnte. Kein Mensch heute – auch kein Bischof und kein Papst – wird einmal in der Advents- oder Weihnachtszeit nicht auch diesen Gedanken gehabt haben: „Es ist zu unglaublich um wirklich wahr zu sein." Ja, das ist es – und genau das ist das Wagnis und das Besondere an Weihnachten. Wie einfach hätte man die Position des Arius übernehmen und Jesus allein als besonderen Menschen ansehen können! Wie leicht hätte man zaudern und sagen können: „Naja, Maria wird ja wohl schwer ihren eigenen Schöpfer geboren haben können!" Die Pointe ist gerade, den Satz aus dem Lukasevangelium ernstzunehmen „Für Gott ist nichts unmöglich." Und dann auch verstehen zu wollen: Gott ist in der Welt und ist „Fleisch" geworden, anfassbar, verletzlich – und zugleich: allmächtiger Schöpfer.

21. Maria – Mehr als eine Mutter

Wir müssen, wenn wir über das Weihnachtsgeheimnis reden, auch über die Mutter Jesu sprechen. Sie ist die zweite zentrale Person, die sowohl die biblischen Kindheitserzählungen vorstellen als auch die Dogmengeschichte bedacht hat.

Historisch kaum zu rekonstruieren ist Maria zu einer biblischen Figur avanciert, die wie kaum eine andere genauso in Erzählungen und Legendenstoffen wie in theologischen Traktaten ihren Platz gefunden hat. Dieser Platz war so sicher nicht gesucht, denn Maria war in erster Linie nichts anderes als eine normale Frau und Mutter. Eine Mutter, die ein besonderes Kind gebar – aber mal ehrlich: welches Kind ist für seine Mutter nicht besonders? Eine Mutter, die von ihrem Sohn durch Sorge verletzt (exemplarisch etwa Lk 2,35 und 48) und sogar brüskiert wurde (vgl. Mk 3,31-35, wo Jesus die Gläubigen als seine Mutter und Geschwister bezeichnet). Eine Mutter, die das Leiden ihres Sohnes mitansehen musste und ihn bis zum Tod begleitete (vgl. Joh 19,25-30) und eine Mutter, die wohl auch das Wunder der Auferstehung wahrgenommen hatte.

War Maria im ältesten Evangelium nach Markus noch eher Randfigur, so änderte es sich bei Matthäus und Lukas, wie wir sahen: sie wurde eine zentrale Figur der Kindheitserzählungen. Bei Johannes schließlich steht Maria unter dem Kreuz dem geliebten Jünger gegenüber und Jesus „versorgt" sie als guter Sohn noch, indem er sie seinem Freund und Jünger anvertraut.

Die biblischen Autoren waren sich sicher: Wenn der Sohn besonders ist, musste es die Mutter auch sein. Das wurde über 1800 Jahre später im Dogma der „Unbefleckten Empfängnis Mariens" definitive Lehre der Kirche: Maria war vom ersten Beginn ihrer Existenz (also zum Zeitpunkt der Empfängnis) bereits von Gott erwählt und darauf vorbereitet den Erlöser zu gebären. Sie ist nicht, wie andere glaubten, erst von Gott nach ihrem „Ja", das sie zum Erzengel Gabriel sprach, von der Last der Ursünde, die der Mensch seit der Schöpfung in sich trägt aufgrund des Ungehorsams gegenüber Gott, geheiligt worden. Nein, sie war bereits ganz reines Gefäß für den Geist und Gott konnte Mensch werden aus einem Leib heraus, der nicht durch die Ursünde „verdorben" war. Vieles könnte man über diese Vorstellung von Ursünde und „unbefleckter Empfängnis" sagen, aber das würde zu weit greifen.

Oft verwechselt wird die „unbefleckte Empfängnis" (= die Empfängnis Marias in ihrer Mutter Anna ohne jegliche Ursünde) mit der „jungfräulichen Geburt" (= die Geburt Jesu aus der Jungfrau Maria). Was hat es mit dieser „Jungfrauengeburt" auf sich?

Es geht los mit einem Missverständnis und unterschiedlichen Übersetzungen ein und desselben Verses aus dem Buch Jesaja. Im hebräischen Text, dem Masoretentext des Alten Testament steht folgendes: „Darum wird euch der HERR selbst ein Zeichen geben: Siehe, <u>eine junge Frau</u> ist schwanger und wird einen Sohn gebären, den wird sie nennen Immanuel." (Jes 7,14 MT)

Die griechische Übersetzung des Alten Testaments, die sogenannte Septuaginta, die in Alexandrien in einem hellenistisch geprägten Umfeld entstand übersetzt den gleichen Vers anders: „Darum wird der Herr selbst euch ein Zeichen geben; siehe, <u>die Jungfrau</u> wird schwanger sein und einen Sohn gebären, und du wirst ihm den Namen Emmanuel geben." (Jes 7,14 LXX)

Warum diese so unterschiedlichen Übersetzungen? Die logischste Erklärung ist, dass in der antiken Welt um berühmte Persönlichkeiten meist eine außergewöhnliche Geburtsgeschichte gesponnen wurde, die dann auf deren späteres Wirken verwies. Wenn beim römischen Geschichtsschreiber Sueton etwa Augustus als wundersam durch eine Schlange gezeugt dargestellt wird,[21] musste Jesus natürlich auch eine noch besonderere Geschichte haben. Im vorderen Orient, vor allem im Gebiet Syriens, wo die Evangelien nach Lukas und Matthäus ggf. auch ihren Ursprung haben, waren Geburtswunder im ersten Jahrhundert unglaublich populär und die Verbreitung dieser Tradition war vermutlich auf diesen Raum begrenzt. Auch eine Übernahme aus ägyptischen oder griechischen Mythen (man denke etwa an den bereits erwähnten Goldregen, in dem sich Zeus manifestierte und Danae schwängerte) ist nicht ganz abwegig.

Lukas wird vielleicht die Septuaginta-Übersetzung vorgelegen haben, die er mit solchen Wundertraditionen in Beziehung gesetzt hat. Auf diese Weise, könnte man sagen, schuf er die „Jungfrau Maria". Diese andere Vorlage war also nicht unproblematisch – und legte auch einen Schatten auf das Verhältnis zwischen Judentum und Christentum. Justin der Märtyrer etwa bezichtigte die Juden der Bibelfälschung und behauptete, dass die Juden den Text angepasst hätten, um jeglichen Bezug auf den Messias darin zu tilgen.[22] Heute wissen wir: In Wahrheit ist der Masoretentext der vermutlich texttreu aufgezeichnete ältere Urtext, an dem sich eher die Septuaginta als Übersetzung ins Griechische orientiert hatte. Dem Judentum ist eine jungfräuliche Geburt jedenfalls fremd.

Wie dem auch sei: Dieses Missverständnis führte zu der Interpretationslinie, dass der Messias durch jungfräuliche Geburt zur Welt komme. Dass dies allerdings keine biologisch zu verstehende Aussage, sondern vielmehr eine theologische ist, ist auch heute noch nicht überall angekommen. Und tatsächlich steht ja die Aussage der Jungfräulichkeit Mariens nicht nur im Glaubensbekenntnis, sondern auch in Lehrtexten, wo übrigens – medizinisch unmöglich, wenn man an eine normale Geburt ohne Kaiserschnitt denkt – von einer „unzerstörten" Jungfräulichkeit vor, während und nach der Geburt gesprochen wird[23].

Was kann uns diese Glaubenswahrheit heute bedeuten? Zunächst einmal, dass die Lebensentstehung Jesu im Mutterschoß Marias ein gottgewirktes Zeichen für die Gottessohnschaft darstellt. Das Wie wird in der Bibel nicht näher beschrieben. Der Evangelist Lukas versucht damit eher die Bedeutung Jesu zu veranschaulichen und sagt im Umkehrschluss auch nicht, dass die Gottheit Jesu an dessen jungfräulicher Geburt hängt. Das ist auch entscheidend zu sehen! Man kann die Jungfrauengeburt auch im dogmatischen Kontext eher als Bild für das zeitlose und ebenfalls wundersame Hervorgehen des Sohnes aus dem Vater verstehen: Im Glaubensbekenntnis heißt es ja auch „gezeugt, nicht geschaffen, eines Wesens mit dem Vater". Diese Aussage ist ebenso wundersam offen wie eine Jungfrauengeburt. Der Exeget Ulrich Wilkens sagt dazu schön: „So wie am Tag der Schöpfung des ersten Menschen aus einem Lehmkloß ein lebendiger Mensch wurde [...], so wird Gott wiederum in Maria schöpferisch handeln."[24] – Die Jungfrauengeburt ist also Bild für die Schöpfung bzw. Neuschöpfung.

Das kleine Kind aus dem Schoß einer Jungfrau ist ja ganz anders als zeitgenössische Messiasbilder suggerieren: kein endzeitlicher Krieger und Blutsverwandter Davids, sondern ein Blutsverwandter JHWHs geboren von einer Frau in lebensspendender göttlicher Schöpfungskraft.

Auch ist zu betonen, dass im Gegensatz zur Auferstehung, wo „Sache“ und Glaube zusammenfallen, nur das entscheidend ist, was für die Glaubenswahrheit notwendig ist: dass nämlich Jesus als Christus wahrhaft eins mit Gott ist.

Maria machte diese ganze Diskussion um ihren jungfräulichen Zustand sowie die vielen Fragen zu einem dogmatischen Schauplatz und einem Prototyp des Menschen an sich: Welcher „Natur“ war der Junge in ihrem Mutterschoß – menschlich? Göttlich? Beides irgendwie? Verschmolzen ineinander? Getrennt voneinander?

Wenn wir all die Aussagen über sie abstreifen würden, die „Gottesmutter“, die „unbefleckt Empfangene“, die „Himmelskönigin“ – dann bleibt sie doch das junge Mädchen, die junge Mutter, deren große Stunde weniger die Geburt an sich war, sondern das vertrauensvolle „JA“ zu Gott. Deswegen ist diese Stelle im Lukasevangelium so ausführlich beschrieben: Weil wir uns an dieser schlichten und vertrauenden Einfachheit Marias ein Vorbild nehmen sollen. So wie Maria Ja zu Gott sagte und zu ihrem Sohn, so sollen auch wir Ja zum Plan Gottes für unser Leben sagen und unsere Sendung erkennen. Äußerlich vielleicht arm und gering ist Maria das Bild dafür, dass es zur Erfüllung der je eigenen Aufgabe im Leben nicht viel mehr braucht als Vertrauen, wache Sinne und ein aufrichtiges Herz. Sie kann in dieser Hinsicht an Weihnachten, aber auch darüber hinaus, für Gläubige ein Anker und ein Zufluchtsort sein, wenn man am eigenen Menschsein oder der eigenen Existenz zu verzweifeln droht. Somit ist sie auf jeden Fall – ob Jungfrau, Gottesmutter oder Himmelskönigin – in erster Linie eine weihnachtliche Freundin an der Krippe.

Musikbox: Maria

- *Alma redemptoris mater* (gregorianischer Choral); dieses Lied wird in Klöstern in der Advents- und Weihnachtszeit meist zum Ende des Nachtgebets gesungen. Es erinnert an das Ja Marias zu Gott und ihre besondere Stellung in der Schöpfung.

- Eine der schönsten Ave-Maria-Vertonungen ist vermutlich die von Felix Mendelssohn-Bartholdy. Bitte hören und genießen. Eine ganz andere Version als die von Franz Schubert, die ja jeder schon einmal gehört hat.

WEIHNACHTEN IN BRAUCHTUM, KUNST UND MUSIK – WEITERE SCHLÜSSEL ZUM MYSTERIUM

Wir Menschen können noch so viel denken – im Letzten sind wir aber keine reinen Geist-Wesen, sondern auch – und vermutlich vor allem – von Emotionen und Sinnen geleitet. Dass Weihnachten nicht nur ein Fest ist, dem man sich mit Verstand und Logik nähern kann, dürfte im Laufe meiner Ausführungen klargeworden sein. Es hat auch etwas mit Vernunft zu tun, doch auch mit der Hoffnung, die uns jeden Tag neu erwarten lässt, was kommen mag.

Künstler:innen und Musiker:innen zu allen Zeiten haben das Weihnachtsgeheimnis als Inspiration für ihre Werke genommen. Die nachfolgende Auswahl ist notwendigerweise subjektiv-selektiv. Sie werden sicher noch viele weitere Werke und Lieder im Kopf haben. Doch möchte ich Ihnen an diesen Beispielen zeigen, wie Bräuche, Bilder und Musik zu einer eigenen Form der theologischen Sinnerschließung werden können.

22. Weihnachtsbräuche und -symbole: Über die Umdeutungskraft des Christentums

Weihnachten ist ein Fest, das ein reiches Brauchtum nach sich gezogen hat und schon an ein reiches Brauchtum anknüpfen konnte. Denn der 25.12. war als Datum der Wintersonnenwende seit jeher mit kultischen Handlungen verbunden. Es ist interessant zu sehen, wie das junge Christentum an Vorhandenes anknüpfte, Bräuche umdeutete und eigene Akzente setzte, um das weihnachtliche Geheimnis der Menschwerdung Gottes in die Breite und pluralen Settings der Menschen damals wie noch heute zu bringen. Versuchen wir einmal zu sortieren, was die Christinnen und Christen vorfanden, als der Weihnachtstermin im 4. Jahrhundert nahe der Wintersonnenwende gelegt wurde.

Von kalten Nächten und mächtigen Göttern: Winter in der Antike

Der Winter war auch in der Antike eine Zeit des Innehaltens – wenn auch unter anderen Voraussetzungen als heute. Heute sitzen wir ja schon Ende November in muckelig warmen Wohnungen und freuen uns in hell erleuchteten Innenstädten an allem, was uns wärmt. In der Antike war das Feuer in dieser Zeit so wichtig, dass es über Leben und Tod entscheiden konnte. In Zeiten ohne Kühlschränke war es daher notwendig, sich für den Winter vorzubereiten. So ist der Winter nach der Zeit der Ernte im Herbst die Durststrecke, die man dann bis zum Frühling durchstehen musste. Römische Sagen versuchten den Winter mit der Abwesenheit von Persephone, der Tochter Demeters, der Göttin des Ackerlandes, zu erklären. Weil Hades, der Gott der Unterwelt, sie die Hälfte des Jahres zu sich unter die Erde nimmt, trauert die Mutter Demeter und vernachlässigt die Welt. Der Sonnengott Sol lenkt seinen Wagen auf anderen Bahnen – die Natur stirbt und vereist bis zum Frühjahr, bis Persephone wieder zu ihrer Mutter zurückkehrt. Die dunkle Zeit ist auch die Zeit der Saturnalien, die nach unserem Kalender immer Mitte Dezember stattfanden. Es ist ein ausgelassenes Fest der römischen antiken Welt, bei dem soziale Schranken und Barrieren aufgehoben sind und es nicht um Arbeit geht, sondern um das Genießen des Ertrages. Saturn, Gott der

Fruchtbarkeit, sollte mit dem Fest, aus dem sich später die Karnevalstraditionen entwickelten, gehuldigt werden. Zu diesem Zweck wurden zahlreiche Rauchopfer dargebracht.

In Germanien und Skandinavien, wo die Winter noch rauer und härter waren, sich noch seltener die Sonne zeigte, wurde diese Zeit auch als Geisterzeit angesehen. Mit Feuerwerk (erste Knallpulver oder Vorläufer von Knallerbsen sind schon in steinzeitlichen Funden nachweisbar), Licht und Lärm sollten die Geister vertrieben werden. Die heute noch üblichen Feuerwerke zum Jahreswechsel sowie die in Süddeutschland, der Schweiz und Österreich gepflegten Krampus- oder Perchtenläufe sind Zeugnisse dieses Denkens.

Die dunkelsten Nächte des Jahres waren die sogenannten Raunächte (24.12.-6.1.). Sie haben den Namen auch noch vom „Rauch“, der in diesen Nächten durch das Verbrennen von Kräutern und Dufthölzern entstand. Mit dessen Hilfe versuchte man die Luft zu reinigen und das Böse zu vertreiben. Während man bei den Saturnalien also einen Gott durch Weihrauch gnädig stimmen wollte, hielt man im Norden durch die Räucher-Riten eher das Böse fern. Man versuchte auch den Gott Wodan fern zu halten. Mit seinem Gefolge, der sogenannten „Wilden Jagd“, zog er in den Raunächten durch die Welt und stiftete Chaos. Nicht von ungefähr ist im Deutschen der Begriff „Wut“, „wüten“ etc. von Wodan abgeleitet – aber auch das Wort „wünschen“. An sich ist er eine Gottheit, die Schöpferisches, Bildung und Kraft in sich vereinigt – die Menschen fürchten ihn und sie verehren ihn als großen Wissenden und als Wunscherfüller.

Was machte das Christentum daraus?

Noch heute werden zu Weihnachten (übrigens scheint der deutsche Name des Festes auch auf die Rau(ch)nächte anzuspielen) die Wohnungen mit duftenden Kerzen, Räuchermännchen oder Weihrauch erfüllt. Das Haus ist die Schwelle, die den Menschen von der übrigen (Um-)Welt trennt und so ist der Segen des Hauses durch die Sternsinger oder auch die private Haussegnung mit Weihrauch ein Symbol dafür, dass die eigene Wohnung gereinigt von Sünde und Übel auch im neuen Jahr nicht in den Wirkkreis des Bösen fällt. Wenn wir heute die Häuser segnen, ist aber weniger ein Exorzismus mitgedacht oder ähnliches, sondern ein neues Sicht-Bereitmachen für das, was das neue Jahr bringen mag. Die Aktionen der Sternsingerinnen und Sternsinger wenden das auch caritativ: Es geht nicht um das Retten der eigenen Existenz durch den Winter, sondern um solidarische Unterstützung all derer, die diese schützenden Heimat-Häuser nicht haben.

Aus dem *Sol invictus* wurde der *Christus invictus*, der ab Weihnachten wieder Fahrt aufnimmt und mit seinem Licht die Welt erleuchtet. Aus Wodan, dem wilden Mann, wird der heilige Nikolaus oder der Weihnachtsmann – wie viele Leute wissen heute nicht, dass der Vorläufer dieser freundlichen Geschenkebringer einst mit seiner „Wilden Jagd" über den Nachhimmel zog und nicht Geschenke, sondern Verwüstung brachte?

Das Christentum verstand es, an diese Bräuche und Erzählungen anzuknüpfen. Man musste den Menschen ihre Wintersonnenwend-Riten nicht wegnehmen, man „taufte" sie in gewisser Hinsicht nur und deutete sie neu. Besonders deutlich wird dies beim Christbaum. Dass in Germanien Baumheiligtümer verehrt wurden, wissen viele Leute heute noch. Bekannt ist vor allem die Geschichte, wie der heilige Bonifatius die Eiche fällt, der der Gott Donar „einwohnte". Er demonstrierte den Menschen in Germanien damit, dass ihre Götter wohl nicht so wirkmächtig und kräftig seien, wie der Gott der Christ:innen. Es gab die Vorstellung, dass ein Baum die Welt der Menschen, Midgard, und die Welt der Götter miteinander verbindet. Dieser stehe im Zentrum der Welt und trägt den Namen Yggdrasil. Diese „Weltesche", die Himmel und Erde verband, erinnerte die christlichen Gläubigen an den Baum des Paradieses, der in der Mitte des Gartens Eden stand. Dass nun dieser Ort menschlicher Versuchung in die Wohnungen geholt, geschmückt wird (glitzernde Sterne und Lametta etc. hatten den Sinn das Böse fern zu halten) und der Ort des Heils, die Krippe, drunter gestellt wird, ist eine der eindrucksvollsten „Ideen-Kaperungen" des Christentums. Das Tannengrün steht für das neue Leben, die Hoffnung, die selbst in dunkelster Zeit unaufhaltsam voranschreitet.

Auch andere Farben sind reich konnotiert und ich hoffe, ich schockiere Sie jetzt nicht zu sehr mit den Deutungen. Welche typischen Farben fallen Ihnen zu Weihnachten neben Grün noch ein? Richtig: rot und weiß! Klar, jetzt werden Sie gleich an die Geschichte von Weihnachtsmann und Cola denken – doch die Symbolik greift viel tiefer. Rot stellte in der antiken Welt Liebe, Lebensenergie und Leidenschaft dar, während Weiß für den Geist, das Licht die göttliche Schöpfungswirkung stand. Vielleicht lesen Sie hier auch noch archaischer heraus: rot wie Menstruationsblut, weiß wie Sperma, rot die empfangende, „weibliche" Erde, weiß dagegen der aktive, „männliche" Schöpferwille Gottes. Weiß bekam erst viel später eine Bedeutung von „Unschuld“ oder „Keuschheit“. Gott und Erde verbinden sich, das drücken diese Farben aus und so sind auch die in der Advent- und Weihnachtszeit beliebten Stechpalmen wie „Lebensruten“ zu interpretieren: Mit roten Beeren stehen sie für die weibliche Lebensenergie, mit weißen Mistelbeeren für den männlichen Schöpfungswillen. Kein Wunder, dass diese Pflanzen auch im römischen Kult des Wein- und Exzessgottes Bacchus genutzt wurden. Christinnen und Christen konnten diese Stechpalme schnell auf die Dornenkrone der Passion umdeuten. Wir könnten ewig so weitermachen und über Äpfel als Fruchtbarkeitssymbole sprechen (wer mag nicht gerne Bratäpfel im Winter!?), über getrocknete Orangenscheiben als Symbol für die Sonne und Fruchtbarkeit, über Fliegenpilze (rot-weiß!) als Glückssymbol zum neuen Jahr oder über die in der Advents- und Weihnachtszeit allgegenwärtigen Nüsse. Letztere deutete der heilige Augustinus sogar als Bild für Christus: Die Hüllen der Nüsse stehen für die Bitterkeit der Passion und das Holz des Kreuzes, während das süße Innere an die nährende Gottheit erinnert – und mit Nüssen kann man sogar Öl herstellen, was wiederum Licht ermöglicht. All diese Bilder und Deutungen – manche naheliegend, manche weit hergeholt – symbolisieren, wie die im Advent geschnittenen Barbarazweige, die an Weihnachten blühen, das neue Leben, die Gaben der Schöpfung im Winter. Die Nachricht ist: Selbst in der bittersten Zeit des Jahres, lässt Gott uns nicht allein und wir sind eingewoben in seine Heilsgeschichte.

Noch heute ist es so, dass wir an Weihnachten viele Traditionen haben – je nach kulturellem Hintergrund andere. Und das ist auch großartig so! Das zeigt, dass die Weihnachtsbotschaft auf ganz viele unterschiedliche Weisen interpretiert werden kann.

Manchmal schlagen solche Riten aber natürlich auch über das Ziel hinaus und kratzen stark an magischen Vorstellungen. Nur zwei Beispiele aus meiner eigenen Familie mit schlesischen Wurzeln: An Heiligabend gibt es immer Karpfen. Es wird peinlich darauf geachtet, dass der Fisch viele Schuppen hat, denn das verheißt Glück für das neue Jahr. Die Schuppen werden getrocknet und in Küchenpapier umwickelt verschenkt. Man legt diese kleinen Kissen dann ins Portemonnaie, das dann im neuen Jahr nicht leer werden soll. Beim Ausnehmen des Karpfens darf (warum auch immer) die Luftblase nicht platzen – auch das gibt Unglück. Und vermutlich ein Erziehungsbrauch: Wer einmal am Weihnachtstisch sitzt, darf vor dem Schlussgebet nicht wieder aufstehen. Das haben mein Bruder und ich natürlich ausgenutzt und uns früh hingesetzt, sodass wir nicht mehr helfen mussten. Vermutlich war es umgekehrt gedacht, dass die Kinder den Abend respektieren sollten und nicht herumlaufen dürfen. Nun, auch wenn solche Traditionen in magischen Aberglauben abzurutschen drohen (was im schlesischen oder auch polnischen Katholizismus sicher einfacher ist als im deutschen oder französischen), sind solche Ritenanknüpfungen wichtig und schaffen Sicherheit. Besonders schön ist es daher, wenn es „Familienriten" gibt, die man weitergeben oder auch neu interpretieren und abändern kann.

Weihnachten ist ein Fest, das pädagogischen Charakter hat und wie ein Mysterienspiel eingebettet ist in Symbolsprache, Riten und Bräuche. Das macht es so geheimnisvoll. Die Riten, die in der Kälte und Härte des Winters verortet sind, verdeutlichen, dass das Festgeheimnis „Gott wird Mensch" nicht das Einmummeln Gottes in eine muckelige Kaminatmosphäre bedeutet, wie sie uns schöne aber theologisch absolut aussagelose Lieder wie z.B. „Merry Christmas“ von Ed Sheeran und Elton John singend kredenzen (ist trotzdem ein schönes Lied). Weihnachten bedeutet den Eintritt Gottes in eine zutiefst verletzte, blutende und eben dunkle und kalte Welt. Die Riten und Symbole versuchen dieses Gefährdetsein, dem wir Menschen ausgeliefert sind, zu fassen und auch ein wenig durch das weihnachtliche Licht anstrahlen zu lassen. Ich liebe diesen Ritenreichtum – und frage mich manchmal, wie Menschen in Australien wohl Weihnachten feiern, wo all die Bilder, die um die Hell-Dunkel-Symbolik des Festes im Brauchtum gestrickt wurden einfach nicht aufgehen. Da ist Hochsommer! Auch das zeigt schon: Weihnachten ist ein globales Fest, entspringt aber sehr dem Gefühl der Nordhalbkugel und ihren Symbolen und Riten.

23. Weihnachten in Kunst und Musik – Erschließung durch Rezeption

Die Weihnachtserzählung beeinflusste nicht nur unser rituelles Handeln, unsere Vorstellungen und das Brauchtum, sondern nahm auch stark Einfluss auf weitere Bereiche menschlicher Kreativität. Es ist ja oft so, dass Dinge zu „Selbstläufern“ werden, also einmal angestoßen und als Idee in die Welt gebracht, andere Menschen dazu animieren, anzuknüpfen, eine eigene Note und eine eigene Sichtweise hinzuzufügen. Man denke etwa an „Game of Thrones“: Ursprünglich als literarisches Epos von George R.R. Martin entwickelt, inspirierte der Stoff zu einer Serie. Es kam Filmmusik dazu, prägende Charaktere, die bei den Zuschauer:innen starke Emotionen von Solidarität oder Ablehnung hervorriefen und die letzte Staffel war schneller abgedreht als Martin das Buch geschrieben hatte.

Die neutestamentlichen Weihnachtsgeschichten sind zwar nicht in der gleichen Weise packend und aufwühlend wie „Game of Thrones" oder andere Sagas, die die Kreativität der Menschen anregten wie z.B. auch Star Trek oder Star Wars. Aber die Weihnachtsgeschichte hat doch auch eigene Interpretationen hinterlassen – und sie sind wirklich unzählig. Ich möchte Ihnen nur wenige Rezeptionsbeispiele aus der Kunst und aus der Musik näher vorstellen. Sicher fallen Ihnen noch weitere ein.

Beginnen möchte ich mit einem klassisch wirkenden Bild des niederländischen Malers Gerrit van Honthorst. Wenn Sie beim Betrachten des Bildes „Die Anbetung der Hirten" an Caravaggios geniale Licht-Malerei denken, liegen Sie nicht falsch, denn van Honthorst hatte sich vor allem mit Caravaggios Arbeiten beschäftigt.

Abbildung 7: Gerrit van Honthorst: Anbetung der Hirten, 1622[25]

Dieses Bild ist eine klassische Weihnachtsszene und doch auch besonders. Gerade das Licht ist es, das hier fasziniert. Geht sonst das Licht immer von Bildrändern oder von außen in die Szenerie hinein, ist hier das Kind selbst die Lichtquelle, und zwar heller als eine Kerze, wie man es auch von zeitgenössischen Bildern kennt, sondern wirklich hell leuchtend wie ein Flutlicht im Fußballstadion. Van Honthorst wollte damit nicht nur die Besonderheit des Kindes zum Ausdruck bringen, sondern auch den theologischen Anspruch „Licht der Welt" zu sein, Licht in der finstersten Stunde der Nacht. Dieses messianische Licht erhellt nicht nur den Raum, sondern – und das ist das Entscheidende – es ändert auch das Antlitz der Betrachtenden. Die Hirten, Maria und Josef – sie alle sind erfüllt von dem Licht, das auf sie abstrahlt. Der „wunderbare Tausch" zwischen Gottheit und Menschheit, den man theologisch vielfach im Kopf durchkneten kann wird in diesem Bild sichtbar: Die Menschen haben Anteil erhalten am göttlichen Licht und Gott selbst liegt als Mensch unter Menschen. Zugleich sagt uns das Bild: immer, wenn wir Kinder anschauen, lachen wir, werden wir verwandelt und auch einen Moment angestrahlt von diesem Geheimnis der Existenz dieses neuen Lebens. Die Freude der Hirten und staunende Verwunderung ist auch unsere, wenn wir vor einem Baby stehen oder vor der Krippe.

Ein anderes Bild zieht ebenso einen Bogen von der Geburt zum Tod. Es ist die klassische, vielfach kopierte und keinem Künstler zurechenbare orthodoxe Weihnachtsikone. Zugegeben, es gibt mehrere „Typen", aber dieser hier ist vermutlich der häufigste Bildtyp.

Abbildung 8: Die Geburt des Christus – Ikone aus dem Stavronikita-Kloster, Berg Athos[26]

Auf der Ikone ist erst einmal ziemlich viel los: frohlockende Engel (oben links), ein Engel im Gespräch mit einem Hirten (oben rechts), die Amme, die das Jesuskind wäscht (unten rechts) … Alles aber dreht sich um das Zentrum, die Krippe, die eher wie ein Sarkophag aussieht, und die Höhle. In der orthodoxen Tradition wurde die Geburt in einer Höhle verortet und so ist heute noch die Geburtsgrotte in Betlehem ein Ort, zu dem man hinabsteigt wie in ebendiese Höhle. Dies erinnert daran, dass Jesus am Ende auch in einem Felsengrab beigesetzt wurde und so erscheint dann auch der kleine „Sarkophag" logisch.[27] Maria betet rotgewandet das Kind an und Josef träumt eine Stufe darunter. Die Hierarchie zwischen den beiden Eltern Jesu ist hier deutlich geregelt. Der Stern, der die Weisen führte, scheint blau über der Krippe und strahlt in die Krippe hinein, wie ein Finger vom Himmel und wie in der Taufszene am Jordan, wo Gott vom Himmel aus spricht: „Du bist mein geliebter Sohn." Die Mitte des Bildes ist Dunkel, die Höhle, wie die Pupille eines Auges. Um diesen Mittelpunkt blüht das Leben. Auch diese Darstellung zeigt uns damit, dass im Auge des weihnachtlichen Sturmes von englischen, königlichen und pastoralen Freudenrufen und Besuchen, die Ruhe der Nacht steht. In diese Nacht hinein wird Gott Mensch.

Neben Bildern spielt natürlich auch Musik eine große Rolle. Sie haben in den einzelnen Musikboxen ja bereits gesehen, wie vielseitig man sich Weihnachten „erhören" kann. Ich möchte Ihnen daher nur noch ein ganz altes und ein ganz seltsames Weihnachtslied vorstellen. Es sind eigentlich keine Weihnachtslieder, aber können mit Weihnachten in Beziehung gesetzt werden.

Das erste, alte Lied ist über 1000 Jahre alt und entstand in der Ostkirche, also dem Raum der Orthodoxie. Es heißt „Hymnos Akathistos" und ist nicht nur das vermutlich älteste, sondern auch schönste Marienlied. Es besteht aus zahlreichen Anrufungen an die Gottesmutter und meditiert die Verkündigung durch den Engel sowie das Wunder der Menschwerdung Gottes. Das Lied ist so aufgebaut, dass jeder einzelne Teil (jede Stanze) mit einem griechischen Buchstaben anfängt, der Hymnus geht das gesamte Alphabet von Alpha bis Omega durch.

Nur eine kurze Kostprobe:

> V: Eine neue Schöpfung brachte der Schöpfer hervor,
> die so noch nie war, da er uns erschien, die wir von ihm

geschaffen. Aus dem jungfräulichen Schoß stammt er und behütet ihn, wie er war: rein, auf dass wir das Wunder wahrhaben und mit Lobgesang die Gottesmutter preisen:

A: Sei gegrüßt, Blüte der Unvergänglichkeit;
Sei gegrüßt, Sieg der Gewaltlosigkeit.
Sei gegrüßt, der Auferstehung leuchtende Spur;
Sei gegrüßt, den Engeln gleich lebst du im Lichtschein.
Sei gegrüßt, herrlich fruchtender Baum, der die Gläubigen labt;
Sei gegrüßt, schützendes Laubdach, darunter viele sich bergen.
Sei gegrüßt, den Ziellosen hast du den Weg gewiesen;
Sei gegrüßt, anheimgestellt hast du den Unfreien die Freiheit.
Sei gegrüßt, ehrfürchtig stehst du vor dem All-Richter;
Sei gegrüßt, in dir findet unser Fehlen Beistand bei ihm.
Sei gegrüßt, denen, die ohne Zuversicht wandern, bist du ein Gewand;
Sei gegrüßt, dein Lieben ist über alles Verlangen groß.
Sei gegrüßt, du jungfräuliche Mutter!
(Hymnos Akathistos; Stasis 3, Ikos 7)[28]

Maria, so wird im Hymnus deutlich, ist leuchtendes menschliches Vorbild. Ihr Ja zu Gott soll nachgeahmt werden. Jede:r Gläubige soll wie Maria in sich Raum geben für Gott, damit Gott den Menschen formen kann. Ein Bild, dass diesen Gedanken gut zum Ausdruck bringt, ist die Ikone, die Maria in Gebetshaltung (der sog. Orantenhaltung) zeigt.

Abbildung 9: Maria in Orantenhaltung[29]

Es scheint fast so, als würde Jesus in ihrem Leib ihre Arme führen, so dass sich ihr Handeln mit dem Handeln Jesu überschneidet und sie nicht mehr nur imitiert, sondern wie Christus agiert und dadurch heilig lebt. Meditieren Sie diesen Hymnus doch gerne parallel zu dem sehr spezifischen Gesang orthodoxer Mönche oder Nonnen in der Weihnachtszeit. Er deutet das Weihnachtsgeheimnis noch einmal von einer anderen Seite aus.

Das letzte Lied, das ich Ihnen ans Herz legen möchte, ist überhaupt kein Weihnachtslied. Vielleicht werden Sie auch sagen, ich interpretiere Dinge in etwas rein, was nicht so gemeint ist. Nun, vielleicht ist das so, aber wenn Sie das Lied „Love Tonight" einmal anhören, das eine Zeit lang so häufig im Radio lief, dass ein Münchner Radiosender immer eine Malediveneise verloste, wenn die Leute während des Songs anriefen, wird Ihnen sicher etwas auffallen.

Der Text ist sehr spärlich – der Refrain besteht nur aus der Textzeile „All I need is Your Love Tonight!"[30] (Alles, was ich brauche, ist deine Liebe heute Nacht). Eine Männer- und eine Frauenstimme singen abwechselnd und duettieren dann mit einer Art Chor den Refrain.

Als ich das Lied hörte, man kann das eine Theologenkrankheit nennen, deutete ich es gleich spontan theologisch. Wenn da in der Verzweiflung der Einsamkeit ein Arm gereicht wird, wenn die Gewissheit ausgedrückt wird, dass der/die andere da ist auch, wenn das Leben einmal nicht so leicht ist – und vor allem, wenn die Beziehung als Heimat und Zuhause gesehen wird, liegen diese Deutungen auch nicht so fern. Mir kam die Dreifaltigkeitsikone von Andrei Rubljow aus dem 15. Jahrhundert in den Sinn und eine Auslegung dazu, die ich beim Theologen Gisbert Greshake gelesen hatte.[31]

Greshake deutet die bekannte Ikone, die die Szene darstellt, in der Gott in Gestalt von drei Männern bei Abraham zu Gast ist (Gen 18) auf Weihnachten: Die Trinität ist mit sich im Gespräch. In der Mitte liegt auf dem Altar Brot in einer Schale. Die Männer schauen sich gegenseitig an und bilden einen geschlossenen „Blick-Reigen". Links in goldenem Gewand, vermutlich der Vater, der seinen Sohn (rechts mit an die Schulter gelehnten Stab, der an den Kreuzesbalken erinnern könnte) auf die Welt

Abbildung 10: Dreifaltigkeitsikone Rubljow[32]

senden will. Dieser bewegt seine Hand der Schale zu, während der Dritte im Bunde, der im Zentrum steht und beide zu verbinden scheint, seine Hand segnend über die Schale hält.

Man könnte enorm viel dazu sagen und dieses Bild meditieren. Als ich das Lied „Love tonight" hörte, musste ich an diese Szene denken. Auch hier „sprechen" zwei Stimmen miteinander und werden verbunden zu einem Refrain. Es ist ein Gespräch, dachte ich, dass sich zwei Liebende (wie es wohl im Lied auch gemeint ist) genauso zusagen können wie der Vater zum Sohn oder auch wie Gott zur Welt. Das „us together" ist hier das wichtige Erkenntnismoment: Wie auf der Ikone vielleicht gerade im Modus eines „us together" getroffen wird, den Sohn zu senden, so ist die Inkarnation selbst auch etwas, was nicht nur eine Einbahnstraße ist, sondern ein „us together" zwischen Gott und Menschheit. Dass der Mensch einsam ist, müde ist, eine helfende Hand braucht, ist offensichtlich. Die Zusage „ich bin da", ist damit ein erster wichtiger Schritt. Das sich gegenseitige Zusagen des „us together" und das Gipfeln im immer wiederholten „All I need is Your Love Tonight" kann absolut gegenseitig gelesen werden – bei Liebenden, beim Verhältnis Gott-Mensch und in Gott selbst. In dieser Ikone, in diesem Lied wird mir persönlich deutlich: Das Band zwischen Gott und Schöpfung wird an Weihnachten fundamental gestärkt und erneuert. Wenn sich Gott einst für eine Schöpfung entschied, bleibt er ihr auch in Treue verbunden. Die Welt ist in die Trinität hineingedacht, ins trinitarische „us together" aufgenommen worden. Das ist der wunderbare Tausch von Weihnachten: Wir sind geliebt und aufgerufen zur Liebe, denn nur in einem „us together" kann überhaupt irgendetwas was werden.

Musikbox: Neue Weihnachtsmelodien

Es lohnt sich, zu Weihnachten auch nicht allein geistliche Musik zu hören. Oft kann man in Popmusik auch viele Züge weihnachtlicher Motivik entdecken. Versuchen Sie einmal folgende Lieder bewusst zu hören und auf das Weihnachtsgeheimnis hin zu meditieren:

- *One of us von Joan Osborne*
- *A new Day has come von Celine Dion*
- *Tu m'appelles von Adel Tawil feat. Peachy*
- *High Hopes von Panic! At the Disco*
- *Hold You von ATB*
- *Rivers von Thomas Jack*

WEIHNACHTEN HEUTE: ANSÄTZE ZUM VERSTEHEN

24. Ich steh an deiner Krippe hier: Die ganze Welt in einem Bild

Am Heiligen Abend steht sie in der Mitte und bleibt in der Weihnachtszeit Fixpunkt: die Krippe. Was viele nicht wissen: die erste Krippenszene hat der heilige Franziskus mit seinen Gefährten in dem mittelitalienischen Ort Greccio nachgestellt. Dort befindet sich heute noch ein großes Krippenmuseum, das Exponate aus der ganzen Welt zeigt. Interessant daran zu sehen ist, wie die jeweiligen Kulturen sich selbst versucht haben, in die Krippen einzubringen. Das zeigt schon etwas grundlegend Wichtiges: es geht bei Krippen nicht um eine historisch genaue Darstellung, sondern eher um das Gefühl: „Diese Darstellung betrifft mich unmittelbar – geht mich an!"

Ich sage gerne, wenn ich mich von Freunden vor Weihnachten verabschiede und man sich dann erst im neuen Jahr vielleicht wiedersieht, weil man ja die Familie in allen möglichen Teilen des Landes besuchen fährt: Wir treffen uns dann an der Krippe!

Die Krippe ist der Endpunkt der Pilgerschaft im Advent. Hier angekommen bleibt nichts weiter zu tun als zu schauen, anzubeten, still zu werden. Das Aufbrechen von der Krippe ist dann ein Aufbruch ins neue Jahr, gestärkt von dem Wissen, dass Gott es so gut mit uns meint, dass er selbst unsere Niedrigkeit angenommen hat – und unsere Schwäche auch Stärke sein kann.

Jedes Weihnachten, so merke ich, fühle ich mich anderen Personen der Krippendarstellung nahe. Daher soll nach all den Überlegungen biblischer und dogmatischer Art hier noch einmal aufgezeigt werden, für was die einzelnen Figuren (auch) stehen können:

Der Stern, äußeres Hoffnungszeichen

Wer möchte nicht gern einen Stern haben, der einem vorausgeht und den „richtigen" Weg zeigt? Kann es so einen richtigen Weg für unser Leben geben? Der Stern steht als Symbol für Orientierung (das Wort kommt übrigens von „oriens"- Osten, da die Karten damals nach Osten hin ausgerichtet waren und man sich somit „orientieren" konnte). Er ist Symbol für Leitung und auch dafür, dass unsere Sehnsüchte ein Ziel haben und zum Ziel kommen: zu Gott selbst. Der Pilgerweg des Lebens führt hin zum Geheimnis Gottes – in der Stille und in der Nacht, die mit ihrer Leere das Leuchten des Sterns und den freudigen Gesang der Engel überhaupt erst wirken lassen.

Die Höhle/der Stall – Gnadenort Gosse

Der Ort, an den der Stern führt ist ein einfacher Ort. Ob Höhle oder Stall – es ist kein Tempel, kein Thronsaal kein reich geschmückter Ort. Die in Lateinamerika entstandene Theologie der Befreiung hat mit der „Option für die Armen" klarzumachen versucht, dass Gott im Niedrigsten zu finden ist – im Ärmsten uns näher als im Wohlhabenden. Dafür steht auch die Krippe. Wenn man in die Geburtskirche in Betlehem hineingehen will, muss man durch eine kleine enge Pforte. Die ursprünglich aus praktischen Überlegungen so gestaltete Pforte (es sollten keine Reiter mit ihren Pferden in die Kirche einreiten), wurde zum Symbol für das Kleinmachen. Eine Selbsterniedrigung – zumindest auch die kurze Erfahrung dessen – ist eine gute Übung, das Geheimnis der Inkarnation zu verstehen. Die Krippe ist also der Ort der Armut, wo sich Gott klein macht. Die Krippe fragt uns, wo unsere Heimat ist. Wo liegt unser Ursprung? Wo kommen wir her, wo gehen wir hin? Vielleicht kennen Sie Patrick Süßkinds Roman „Das Parfüm". Jean-Baptiste Grenouille, die Hauptperson der Erzählung, kommt in der stinkenden Gosse zur Welt. Sein Weg als duftsensibles Wunderkind führt ihn dann in die Welt der Reichen und Schönen. Am Ende – nach zahlreichen Morden auf der Suche nach dem perfekten Duft – kehrt auch er an diesen Ursprungsort zurück und findet dort den Tod. Die Krippe führt nicht zum Anfang zurück, sondern an das Kreuz und ins Grab – und doch sind Grab und Geburtsgrotte, wie wir auf den Bildern sahen (vgl. Kap. 23) verbunden. Wohin also gehen wir, von wo her?

Ochs und Esel, Sinnbilder der Natur

Die Tiere in der Krippe erzählen uns nicht viel. Doch die eine Aussage, die sie machen, ist zentral: Die Schöpfung huldigt dem Messias. Diese beiden Tiere stehen in Stellvertretung für die gesamte Natur. Das Geheimnis von Weihnachten geht nicht nur die Menschen an. Es betrifft die ganze Welt, denn der messianische Friede ist nur ganzheitlich wirklicher Friede. Anders gesagt: Es ist kein partikularer Frieden, sondern umfassender Heilsfriede (hebr. Schalom). Ein Friede, der die Natur bedroht und den Menschen absolut setzt, ist ein bloß scheinbarer Friede. In Zeiten der Klimakatastrophe, die die ganze Welt und nicht nur Menschheit betrifft, ist es vielleicht gerade wichtig, an Weihnachten Ochs und Esel anzuschauen, die mit uns zusammen den Messias anbeten.

Die Hirten – beschenkte VIP-Zaungäste

Herausgerissen-sein aus dem Alltag – so wirkt Weihnachten auf uns als kleine Verschnaufpause und Gnadenfrist vor dem Stress des neuen Jahres. Herausgerissen wurden auch die Hirten aus ihrem Alltag durch die Botschaft der Engel. Unverhofft werden gewöhnliche Menschen zu VIP-Gästen der Heilsgeschichte. In den Hirten an der Krippe hoffen auch wir auf gute Momente des Herausgerissenwerdens aus unserem Trott: Jeder Mensch braucht die Momente, in denen „die Seele Bäuerchen" machen kann, wie ein geschätzter Theologenfreund von mir so schön zu sagen pflegte. So einen Moment erleben die Hirten ganz unvermittelt. Wenn wir sie an der Krippe sehen: Beten wir auch dafür, dass uns solche Momente geschenkt werden! Denn das sind die Erinnerungen, aus denen wir leben.

Die Weisen mit der Stärke im Knie

Die Könige, die bei einigen Krippen erst später zugestellt werden, sind meines Erachtens besonders wichtige Betrachtungspunkte in dem Bild, das sich uns zeigt.

Der eine wichtige Aspekt ist: Die Sterndeuter, die zur Krippe kommen, sind nicht irgendwelche Quacksalber oder Horoskop-Zauberer. Man kann mit Fug und Recht behaupten: Hier macht die Wissenschaft dem Messias ihre Aufwartung. Oder noch drastischer: Die Wissenschaft betet das Wunder Gottes an. Durch die Schöpfungserzählung zu Beginn des ersten Buchs der Bibel wird deutlich: Gott schafft die Welt. Das bedeutet auch: Es gibt nicht, wie einige Menschen lange Zeit noch glaubten, Bäume, in denen Gott A wohnt, oder Flüsse, die von Göttin B regiert werden. Dadurch, dass der eine Gott die Welt schafft, wird Wissenschaft, wie wir sie kennen, erst möglich. Denn das zeigt, dass nichts existiert, was nicht von Gott gesetzt ist und prinzipiell dem Menschen zum Nutzen entzogen wäre. Die Sterndeuter an der Krippe sind so auch ein Bild dafür, dass die Wissenschaft, die Vernunft, um ihre Grenzen weiß und Glaube und Wissenschaft nicht in einem „entweder-oder"-Verhältnis stehen, sondern in einem ständigen Austausch und komplementär agieren, den Menschen groß machen.

Der zweite wichtige Aspekt stammt aus Tagebuchaufzeichnungen des dänischen Philosophen Sören Kierkegaard. Er beschreibt anhand der Weisen seine Theorie der objektiven und subjektiven Wahrheit. Wenn die Weisen, so der Gedanke Kierkegaards, alles über den Stern erforscht hätten, alle Bücher gelesen und Verlaufbahn und Helligkeit etc. beschrieben hätten, könnten sie sagen: Das haben wir herausgefunden! – Sie könnten die Bücher zuklappen und das nächste Forschungsobjekt ansehen. Sie hätten dies als „objektive Wahrheit" behandelt.

Kierkegaard sagt aber: Viel wichtiger als die objektive Wahrheit ist die subjektive. Wenn also alles erforscht ist, kommt der Punkt, an dem die Weisen das mit der eigenen Existenz in Beziehung setzen und sich fragen: Was bedeutet das nun für mich? Wir sind damit nach allen Beschreibungen noch nicht fertig, wir müssen selbst losgehen!

Die subjektive Wahrheit führt die Weisen zur Krippe und, so die Pointe Kierkegaards, zu einer weit größeren Erkenntnis als sie die objektive Wahrheit jemals geführt hätte. Selbst losgehen, sich innerlich ergreifen lassen, die eigene Existenz ins Spiel bringen – das ist es, was man von den Weisen lernen kann. Dies können wir nicht nur auf den Glauben übertragen, wo wir objektiv viel zu wissen meinen, es oft genug nicht existenziell an uns heranlassen, sondern auch auf viele andere Teile unseres Lebens. Die Weisen stehen nicht für eine selbstgenügsame Wissenschaft, sondern für eine, die mehr will. Auch Theologie darf nicht selbstgenügsame Wissenschaft sein, sondern sollte auf den Menschen zugehen und vor ihm knien wie die Weisen vor dem Kind in der Krippe.

Manchmal braucht es für subjektive Wahrheiten Starthilfe: So möchte ich Ihnen das Kapitellbild aus der mittelalterlichen Kathedrale von Autun in Frankreich nicht vorenthalten, die die drei Weisen gemeinsam in einem Bett schlafend zeigt. Ein Engel weckt sie durch zarte Berührung und weist auf den Stern. Ein schönes Bild dafür, dass wir für Selbstmotivation doch manchmal auch Hilfe von außen brauchen, ob einen Engel oder einen guten Freund ...

Abbildung 11: Der Traum der drei Weisen, Kapitell aus Autun[33]

Josef, der Träumer

Josef, so haben wir gesehen, ist nicht nur Nebenfigur, sondern die Hauptfigur in der Weihnachtsgeschichte nach Matthäus. Der Ziehvater Jesu ist in der Krippe aber mehr als der beistehende treue und schützende Gerechte, sondern man kann ihn als „Träumer“ im besten Sinne bezeichnen. Er empfängt wie ein Prophet Visionen im Traum und tut sie nicht als Hirngespinste ab, sondern handelt danach. Das heißt nun nicht, dass jeder Traum eine Vision ist, deren Erfüllung man nachhängen sollte. Es heißt meines Erachtens eher, dass wir versuchen können, den Träumen in unserem Leben Raum zu schenken. Interessanterweise gibt es in meiner Familie die absolut abergläubische Tradition, die Raunächte, also die 12 Nächte zwischen Weihnachten und Epiphanie als eine Art „Orakel“ für das neue Jahr zu sehen. Was also in der Nacht vom 24. auf den 25.12. geträumt wird, steht für den Januar, vom 25. auf den 26.12. für den Februar und so weiter. Durch schwere Mägen an den Feiertagen träumt man eh nicht (oder nicht so gut). Was aber spannend ist, ist die Vorstellung, dass Träume uns etwas verraten von der Zukunft, einen vielleicht göttlichen Willen erahnen lassen. Bitte versuchen Sie, ohne horoskopartigen Zaubervorstellungen von vermeintlicher Wahrsagerei aufzusitzen, sich beim Betrachten der Figur des Josef die Frage zu stellen: Was sind meine Träume? Träume ich mein Leben oder lebe ich meinen Traum? Bin ich aufmerksam auf die stillen Signale, die mir mein Körper, mein Geist – vielleicht auch Gott selbst, wer weiß – unbewusst gibt? Josef ist aufmerksam, Hörer des Wortes und wacher Geist nach starkem Traum.

Maria, die personifizierte Ambivalenz

Über Maria haben wir viel nachgedacht. In ihr bündelt sich die weihnachtliche Theologie wie in einem Zellkern. An der Krippe steht sie für mich für die volle Ambivalenz menschlichen Lebens: erfüllt von Freude und gequält von Sorge; voll der Liebe und erfüllt mit Fragen; dankbar zurückblickend und verunsichert in die Zukunft schauend. Jetzt werden Sie sagen: Aber das ist doch die Muttergottes! Immer so stark und hochgelobt, wie wir in den Liedern und Bildern sahen. Ja, es stimmt. Maria wird auf einen hohen theologischen Thron gesetzt – den höchsten sicher nach Gott selbst: Sie wird als Himmelskönigin bezeichnet und ist bereits mit ihrem Sohn verbunden in himmlischem Leben. Doch diese Maria ist nur eine Hälfte. Denn wenn sie wirklich Bild für die Menschheit ist, kann sie nicht nur strahlen. Das zeigen uns auch die Texte der Bibel, die die Mutter Jesu viel nüchterner zeichnen als die späteren Dogmen. Und wir alle kennen das: Es gibt die Hoch-Zeiten und die Tiefpunkte im Leben. Es gibt Dinge, die zu Unzeiten kommen, wie eine Krankheit im Urlaub, eine Geburt im Stau auf der Autobahn oder ein Trauerfall kurz vor Weihnachten. Und es gibt Dinge, die gerade zur rechten Zeit kommen, wie ein tröstendes Wort nach einem beruflichen Fehlschlag, ein Versöhnungskuss nach einem Streit oder eine Umarmung in Depression und Angst. Maria ist gerade nicht die eine, die immer lacht. Sie ist als Mutter an der Krippe beides: froh und angespannt, erleichtert und besorgt. Und ich glaube gerade so und deswegen ist sie für uns nahbar und wirkt mit uns verbunden. Über allem steht ihr „Ja" zu Gott – und dieses Ja hat eben nicht zu größter immerwährender Freude geführt, sondern in erster Linie zur sorgenden Mutterschaft. Unser Ja zu Gott, zum Kind in der Krippe, ist auch nicht immer ein leichtes. Es ist angefragt von Glaubenszweifeln, von skandalösen Verbrechen durch Amtspersonen der Kirche, von irrlichternden Kardinälen, von polarisierenden Päpsten, von vielleicht hartherzigen Religionslehrer:innen. Kann man in dieser Kirche bleiben? Wollte Gott in dieser Kirche und in dieser Welt wirklich Mensch werden? Zugleich ist dieses „Ja" auch eines mit guten Erinnerungen, guten Begegnungen und Momenten der Erfüllung. Maria ist Sinnbild für Welt, Menschheit und Kirche in dieser Ambivalenz und Brüchigkeit. Ihre Krippenfigur fragt uns an: Sagen wir auch weiter Ja?

Das Kind – Erfüllung des Advents, Wendepunkt der Zeit

Jesus – „Gott rettet". Auf dieses Kind läuft die ganze Krippenszene zu. Er ist die Mitte von allem: von Natur und Armut, Träumen und Ambivalenzen, die sich um ihn verbinden und zu verschmelzen scheinen. Der Soziologe Andreas Reckwitz hat in seinem Buch „Die Gesellschaft der Singularitäten" beschrieben, dass wir alle versuchen besonders zu sein – nicht nur irgendwie besonders, sondern einzigartig-singulär. Unser Leben soll unverwechselbar sein, unsere Biografie von uns in perfekter Form orchestriert, unser Bild nach außen, ob über Facebook, Instagram oder TikTok: makellos! Und jetzt erdreistet sich dieses Kind zum glatten Gegenentwurf: Gott macht sich „gleich"! Das Kind in der Krippe ist der Kniefall Gottes, der uns vor Augen führt, worauf es ankommt: Mensch zu sein und dadurch schon besonders zu sein. In der Moraltheologie gibt es die oft zitierte Grundregel, dass nichts geheilt und erlöst sein kann, was nicht zuvor angenommen wurde. Wenn Gott im Kind in der Krippe die Menschheit angenommen hat, dann ist das schon unser Erlösungsmoment – nicht erst Ostern!

Das Kind in der Krippe ist das ultimative Geschenk, das sich an Ostern nur noch extremer zeigt und sich uns fast schon aufzwingt. Ich hatte vorhin erwähnt, dass die erste Krippenszene vom heiligen Franziskus in Greccio „nachgespielt“ wurde. Es gibt ein Bild von Sieger Köder mit dem Titel „Weihachten in Greccio“. Es zeigt Franziskus, der das Kind, das Jesus symbolisiert, hochhält. Ihm „hilft“ ein Priester, der die Hostie bei der Eucharistiefeier zur Wandlung erhebt. Kind und Hostie scheinen in dem Bild zu verschmelzen. Diese Verbindung vom weihnachtlichen Kind hin zum österlichen Mahl der Eucharistie mag verdeutlichen, dass dieses Kind in der Krippe so viel mehr ist als Worte ausdrücken könnten. Im Licht des Glaubens betrachtet, ist die Krippe Symbol für die Welt, für uns und für unser Leben. Welche Figur finden Sie in diesem Jahr besonders ansprechend? Finden Sie Ihren eigenen Zugang zu diesem Heilsbild, das uns Weihnachten vor Augen steht!

Musikbox: An der Krippe

- *Ich steh an deiner Krippe hier* (GL 256; auch vielfach vertont u.a. von Hermann van Veen) reflektiert schön das persönliche Gebet vor der Krippe, das zum Anhören und Mitbeten einlädt.

- Als kleine moderne Alternative: *Through the Eyes of a Child* von Reamonn. Es verbietet sich in guter jesuitischer Tradition bei der Bibellektüre die Position Jesu einzunehmen (man darf sich quasi in alle biblischen Gestalten reinfühlen und reindenken – sogar in den Esel beim Einzug in Jerusalem, aber niemals in Jesus, da man ja zu ihm das Verhältnis durch die Bibellektüre aufbauen will). Aber ausnahmsweise kann man sich durch diesen Blickwinkelwechsel einmal fragen, ob man mit Blick auf das vergangene Jahr und das, was vor einem liegt, nicht öfter einmal den Blick der Kleinsten annehmen sollte, um besser zu verstehen …

25. Epilog: Und nun? Die theologische Bedeutung von Weihnachten heute

Zum Schluss möchte ich noch einmal persönlich werden und gestehen: Lange Zeit habe ich Weihnachten überhaupt nicht gemocht. Klar, als Kind kann man Weihnachten nicht nicht mögen – schon allein wegen der Geschenke. Aber als Theologe schreckte mich das absolut überlagerte Fest mit allen Erwartungen und Sehnsüchten, die die eigentliche Botschaft verstellten, ab. Ich war eher der „Oster-Christ" – ich sah Weihnachten als bloße Bedingung der Möglichkeit, dass Ostern geschehen kann. Logisch: der Christus muss ja erst einmal geboren werden, bevor er leiden und auferstehen kann. Doch was ich übersah, wurde mir im Laufe der Zeit immer klarer: das Geborenwerden ist das Mysterium von Weihnachten.

Die jüdische Philosophin Hannah Arendt prägte den Begriff der „Natalität“ – wir sind als Menschen in unserem Handeln immer dazu imstande, einen neuen Anfang zu machen. Besonders deutlich wird dies bei der Geburt, wo offensichtlich etwas vollkommen Neues beginnt und ein Wesen zwar in einem Herkunftsverhältnis steht, aber doch so offen und frei zur Entwicklung ist, dass es uns anfragt, wo wir neu werden und neu anfangen in unserem ja schon oft eingefahrenen Leben. In jedem und jeder gibt es also den Punkt, der danach strebt neu zu werden.

Dass dies auch für Gott gilt, ist, wenn man sich das mal länger überlegt, ein Skandal. Gott entleert sich, beraubt sich seiner Gottheit und Allmacht und wird Mensch. „Das Wort ist Fleisch geworden“ – der Kirchenvater Augustinus sagte, dass man viele Sätze des Johannesprologs auch bei antiken Philosophen wie Platon oder Aristoteles finden würde. Diesen Satz aber hätte ein antiker Denker nie auszusprechen gewagt. Gott wird Mensch – ein „wunderbarer Tausch“ findet statt: Gott nimmt sich „am eigenen Leib“ der Menschheit an und vergöttlicht damit gewissermaßen den Menschen. Klar, das ist keine biologisch verifizierbare Frage. Es ist eine theologische Aussage, die auf unser Verständnis vom Menschen abfärbt – und darauf kommt es an: Jeder Mensch hat seine Würde, jeder Mensch ist nicht nur Ebenbild Gottes (vgl. Gen 1), sondern auch Tempel des Heiligen Geistes (1 Kor 6,19). Nur ein inkarnierter Gott kann Leid nachvollziehen, Liebe erfahren und geben, Trost schenken. Der Himmel wurde nicht an Ostern geöffnet, sondern man kann somit sagen: bereits an Weihnachten.

Weihnachten ist damit kein Fest der Weltflucht, mal ein paar Tage außerhalb von allem zu sein, sondern will dazu befähigen, neu auf die Welt zuzugehen – und zwar so wie sie ist. Denn nach Weihnachten sind zuvor wütende Kriege und Seuchen nicht einfach vorbei und es existieren vermutlich immer noch die Spannungen im Büro, in der Familie und im Freundeskreis, die vorher auch schon existierten. Weihnachten will uns in dieser Lage Mut machen, diese Welt so wie sie ist, anzunehmen und vielleicht im neuen Jahr noch ein Stück besser zu machen.

Was heißt es also für uns? Zunächst: Weihnachten ist mehr als Familie, Plätzchen, Geschenke. Weihnachten ist auch mehr als nur das Fest zwischenmenschlicher Liebe. Das ist es auch – aber nicht nur: Weihnachten ist das Fest der Menschheit, der Menschlichkeit und der Würde des Menschen – es ist ein umfassendes Fest der Liebe: der Liebe zu den nähesten Angehörigen (Familie und Freunde) aber auch zu den Nachbarn, den Fremden, den Andersgläubigen – ja: allen Menschen. Darüber hinaus ist Weihnachten das Fest der Liebe zu Gott, da er der Menschheit kein größeres Geschenk machen konnte als ein Kind in der Krippe – wo auch immer sie stand, wer auch immer dies in der historischen Heiligen Nacht sah. Auch wenn diese Krippe ein für viele, mich eingeschlossen, manchmal kitschiges Bild ist: wir können im kleinen und verletzlichen Kind auch einen Teil unserer urgründigen Menschlichkeit erkennen, wiedererkennen – und anbeten. Das Geheimnis von Weihnachten und das Wunder von Weihnachten: das sind wir alle – verbunden und eins mit dem Immanuel. Gott ist und bleibt mit uns.

Jauchzet, ihr Himmel, frohlocket, ihr Engel in Chören, singet dem Herren, dem Heiland der Menschen, zu Ehren! Sehet doch da: Gott will so freundlich und nah zu den Verlornen sich kehren.

Jauchzet, ihr Himmel, frohlocket, ihr Enden der Erden! Gott und der Sünder, die sollen zu Freunden nun werden. Friede und Freud wird uns verkündiget heut; freuet euch, Hirten und Herden!

Sehet dies Wunder, wie tief sich der Höchste hier beuget; sehet die Liebe, die endlich als Liebe sich zeiget! Gott wird ein Kind, träget und hebet die Sünd; alles anbetet und schweiget.

Gott ist im Fleische: wer kann dies Geheimnis verstehen? Hier ist die Pforte des Lebens nun offen zu sehen. Gehet hinein, eins mit dem Kinde zu sein, die ihr zum Vater wollt gehen.

Süßer Immanuel, werd auch in mir nun geboren, komm doch, mein Heiland, denn ohne dich bin ich verloren! Wohne in mir, mach mich ganz eines mit dir, der du mich liebend erkoren

(GL 251, Text: Gerhard Tersteegen 1731)

Abbildung 12: Detail der Weihnachtsfassade der Sagrada Familia in Barcelona[34]

DANKSAGUNG, LITERATUR, NACHWEISE

Danksagung

Die Arbeit an diesem Buch hat mir große Freude bereitet und mich auch selbst noch einmal stark mit dem Weihnachtsgeheimnis in Verbindung gebracht. Ich möchte daher meiner Familie danken, die mir über viele Weihnachten hinweg den Weg zum Verständnis mit geebnet hat – insbesondere meiner leider schon verstorbenen Oma Elfriede, der dieses Fest immer besonders lieb war – sicher auch, da es die alte Heimat in der neuen ein Stück weit zum Leben erweckte. In dunklen Zeiten ist es schön zu wissen, wer mit einem geht. So danke ich auch all meinen lieben Freunden, von denen ich wertvolle Impulse für dieses Buch bekam. Als wichtigster Weggefährte gilt meinem Mann Klaus ein großer Dank – auch dafür, dass ich durch meine Würzburger Familie neue Wege kennenlernen durfte, dem Fest zu begegnen. So möchte ich mit dem Blick auf alles Vergangene, dieses Buch vor allem der Zukunft der Familie widmen: meiner Nichte Marie Konrad, meinem Neffen Julian Konrad und dem jüngsten Spross Joris Schubert. Auf dass auch ihr Weihnachten in der Hoffnung auf Jesus als den Christus mit dem Kopf verstehen und dem Herzen ergreifen lernt.

Verwendete Literatur und Quellenwerke

- Berges, Ulrich /Beuken, Willem: Das Buch Jesaja. Eine Einführung (UTB 4647), Göttingen 2016.
- Birnstein, Uwe, Jung, ledig, schwanger sucht… Warum Weihnachten uns zu Herzen geht, Stuttgart 2015.
- Denzinger, Heinrich /Hünermann, Peter, Kompendium der Glaubensbekenntnisse und kirchlichen Lehrentscheidungen (DH), Freiburg i.Br. 2007[41].
- Gotteslob – Katholisches Gebet- und Gesangbuch (2013).
- Greshake, Gisbert: Gottes Karriere nach unten. Was Weihnachten heute bedeutet, Freiburg 2020.
- Hilarius von Portiers; Kommentar zum Matthäusevangelium (einsehbar etwa in der Bibliothek der Kirchenväter: https://bkv.unifr.ch/de/works/cpl-430/versions/kommentar-zum-evangelium-des-matthaus-bkv/divisions/3)
- Homolka, Walter / Hoppe, Juni / Krochmalnik, Daniel: Der Messias kommt nicht. Abschied vom jüdischen Erlöser, Freiburg i.Br., 2022.
- Josephus Flavius, Jüdische Altertümer (Ant.), Ed. H. Clementz/ M. Tilly; Wiesbaden 2011.
- Konradt, Matthias: Das Evangelium nach Matthäus (NTD 1), Göttingen 2015.
- Markschies, Christoph / Schröter, Jens, Antike christliche Apokryphen in deutscher Übersetzung. I. Band in zwei Teilbänden: Evangelien und Verwandtes. 7. Auflage der von Edgar Hennecke begründeten und von Wilhelm Schneemelcher fortgeführten Sammlung der neutestamentlichen Apokryphen, 7. Auflage, 2012.
- Miranda, Juan-Peter: Apokryphe Jesusgeschichten und Jesusworte, Stuttgart 2000.
- Mucha, Robert, Rätselhafte Offenbarung. Das schwierigste Buch der Bibel entschlüsselt, Stuttgart 2021.
- Pesch, Rudolf (Hg.): Zur Theologie der Kindheitsgeschichten. Der heutige Stand der Exegese, München 1981.
- Rätsch, Christian / Müller-Eberling, Claudia: Heidnische Weihnachten. Bräuche, Riten, Rituale, München 2021[4].
- Zenger, Erich u.a.: Einleitung in das Alte Testament, Stuttgart 2004[5].

Nachweise (letzter Aufruf der Websites am 15.06.2022)

1 Das ist das Fest der Wiedereinweihung des Jerusalemer Tempels nach dessen Schändung durch den hellenistischen Herrscher Antiochus IV. Jeden Tag des achttägigen Festes wird eine Kerze mehr entzündet – ganz ähnlich wie beim Adventskranz.

2 Siehe dazu die exzellenten Ausführungen bei Homolka/Hoppe/Krochmalnik: Der Messias kommt nicht, Freiburg i.Br. 2022; insb. zusammenfassend S. 221-227.

3 Aber nicht nur Jesus: auch Johannes der Täufer wird mit der messianischen Tradition in Verbindung gebracht; etwa gleich zu Beginn des Markusevangeliums: „Wie geschrieben steht beim Propheten Jesaja – *Siehe, ich sende meinen Boten vor dir her, der deinen Weg bahnen wird. Stimme eines Rufers in der Wüste: Bereitet den Weg des Herrn! Macht gerade seine Straßen!* –, so trat Johannes der Täufer in der Wüste auf und verkündete eine Taufe der Umkehr zur Vergebung der Sünden." (Mk 1,2-4; mit Verweis auf Jes 40,1-5). Johannes wird als die von Jesaja prophezeite Stimme in der Wüste gedeutet.

4 Das wird besonders eindrücklich beschrieben in Jes 59 – unbedingt einmal lesen und auf sich wirken lassen!

5 An diesem Tag wird traditionell Wein gesegnet. Dieser Brauch fußt auf einer Legende, der zufolge Johannes, weil er es abgelehnt hatte ein heidnisches Tempelopfer darzubringen, einen Becher vergifteten Wein zu trinken bekam. Er schlug das Kreuz darüber und so entwich das Gift in Gestalt einer Schlange und er konnte den Wein bedenkenlos trinken. Neben dieser schönen kleinen Legende war es auch so, dass Wein, im Gegensatz zu oft verunreinigtem Wasser im Römischen Reich, immer ein so reines Getränk war, dass ihm heilende Wirkung zugeschrieben wurde. Es hält – in Maßen wohlgemerkt – Leib und Seele gesund und steht auch für die unerschütterliche Liebe des Johannes zu Jesus. Daher wird an diesem Tag oft Wein mit in die Kirche gebracht und gesegnet – und dann im Familienkreis getrunken.

6 https://de.wikipedia.org/wiki/Anbetung_der_K%C3%B6nige#/media/Datei:San.Maria.Trastevere.jpg

7 https://de.m.wikipedia.org/wiki/Datei:Giotto_-_Scrovegni_-_-18-_-_Adoration_of_the_Magi.jpg

8 https://www.br.de/sternenhimmel/grosse-konjunktion-jupiter-saturn-dezember-2020-100.html

9 So berichtet es etwa der jüdische Geschichtsschreiber Josephus mit Bezugnahme auf die Erzählung in Ex 2, vgl. Ant. 2,205.

10 Übersetzung nach H. Clementz

11 https://de.wikipedia.org/wiki/Dana%C3%AB#/media/Datei:Danae_gold_shower_Louvre_CA925.jpg

12 https://commons.wikimedia.org/wiki/File:Visitation_Pelendri.jpg

13 Ich habe die nachfolgenden Überlegungen auch in ähnlicher Weise ausgeführt in meinem Buch Rätselhafte Offenbarung, 241–243.

14 Entnommen aus: https://de.wikipedia.org/wiki/Datei:Hagia_Sophia_Southwestern_entrance_mosaics_2.jpg

15 Zitiert nach Markschies/Schröter: Antike christliche Apokryphen in deutscher Übersetzung (I/2), 998.

16 https://commons.wikimedia.org/wiki/File:Flight_into_Egypt_assisi.jpg

17 Zitiert nach Markschies/Schröter: Antike christliche Apokryphen in deutscher Übersetzung (I/2), 1000.

18 Zitiert nach Markschies/Schröter: Antike christliche Apokryphen in deutscher Übersetzung (I/2), 925f.

19 Viele Deutungsmöglichkeiten finden sich etwa im Theologischen Wörterbuch zum Neuen Testament (begründet von Gerhard Kittel).

20 Zitiert nach Denzinger/Hünermann, Enchiridion Symbolorum (Nr. 302).

21 Nachzulesen bei Sueton: „In den ‚Untersuchungen über Gott und göttliche Dinge' des Asklepiades aus Mendes lese ich: Als Atia um Mitternacht zu einem feierlichen Gottesdienst des Apollon gekommen war und man ihre Sänfte im Tempel abgestellt hatte, sei sie, während die übrigen Frauen bereits schliefen, auch eingenickt. Plötzlich sei eine Schlange zu ihr gekrochen, wenig später habe diese sie wieder verlassen; aufgewacht habe sie sich gereinigt, wie wenn sie mit ihrem Mann zusammen gewesen wäre. Und im gleichen Moment habe sich auf ihrem Körper ein Mal gezeigt, so ungefähr vom Aussehen einer Schlange, die man aufgemalt hat, und das habe sich niemals mehr entfernen lassen, so daß sie seitdem nie mehr in öffentliche Bäder gegangen sei. Augustus sei im zehnten Monat danach geboren worden und deswegen für einen Sohn des Apollon gehalten worden. Bevor sie niederkam, träumte Atia, das, was sie in sich trage, werde zu den Sternen getragen und breite sich über Himmel und Erde in ihrer ganzen Ausdehnung aus. Und auch der Vater Octavius träumte, aus Atias Schoß komme das strahlende Licht der Sonne hervor." (Suet. Aug.94); entnommen von: http://de.dbpedia.org/page/Atia.

[22] vgl. Justin Mart., Dialog mit Tryphon, 43; 66f; 71ff; bes. 84.

[23] So die Lateransynode etwa in ihrem 3. Canon; vgl. DH 503.

[24] aus Wilckens, Ulrich, „Empfangen vom Heiligen Geist, geboren aus der Jungfrau Maria - Lk 1,26-38"; in: Pesch: Theologie der Kindheitsgeschichten, S. 49-73; hier: S. 57.

[25] https://commons.wikimedia.org/wiki/File:Gerard_van_Honthorst_-_Adoration_of_the_Shepherds_-_WGA11657.jpg

[26] https://commons.wikimedia.org/wiki/File:Christ_born_-_Stavronikita_monastery,_Mt_Athos_-_Theophanes_of_Crete,_16th_c..jpg

[27] Auch Ikonentypen wie die „Geburt Christi"-Ikone nach Andrei Rubljow (15. Jh.) zieht die Krippe als eine Art Grab, die Inkarnation und Passion verbindet.

[28] https://de.wikipedia.org/wiki/Hymnos_Akathistos

[29] Entnommen aus: https://upload.wikimedia.org/wikipedia/commons/d/da/Oranta.jpg

[30] Love Tonight; Shouse / Songwriter: Jack Geoffrey Madin / Edward David Service) © Warner Chappell Music, Inc.

[31] Hier sei auf das wunderbare kleine Buch „Gottes Karriere nach unten. Was Weihnachten heute bedeutet" verwiesen.

[32] https://de.wikipedia.org/wiki/Dreifaltigkeitsikone#/media/Datei:Andrej_Rubl%C3%ABv_001.jpg

[33] https://commons.wikimedia.org/wiki/File:Autun,_Dream_of_Three_Wise_Men.JPG

[34] https://commons.wikimedia.org/wiki/File:Sagrada_Familia,_Nativity_facade_(16)_(31153735122).jpg

Autor

Robert Mucha studierte katholische Theologie in Paderborn, Jerusalem und München. Er leitet seit 2019 den Programmbereich Mensch-Gesellschaft-Politik an der Münchner Volkshochschule und ist dort auch fachlich für die Planung des Religions- und Philosophieprogramms zuständig.